Frank von Auer (Hg.)

Der Nachbar Deutschland im europäischen Haus: Erwartungen und Irritationen

Frank von Auer (Hg.)

Der Nachbar Deutschland im europäischen Haus

Erwartungen und Irritationen:
über eine "Reichsgründung"

Europäisches Gespräch 1991

talheimer

reihe europäische gespräche

talheimer
reihe europäische gespräche
herausgegeben von Welf Schröter
Band 2

Die Deutsche Bibliothek – CIP-Einheitsaufnahme

Der Nachbar Deutschland im europäischen Haus : Erwartungen und Irritationen ; [Beiträge des Europäischen Gesprächs 1991 in Recklinghausen im Rahmen der Ruhrfestspiele] / Frank von Auer (Hrsg.). [In Zusammenarbeit der Hans-Böckler-Stiftung mit dem Talheimer Verl.]. – 1. Aufl. – Mössingen-Talheim : Talheimer, 1992

(Reihe Europäische Gespräche ; Bd. 2)
ISBN 3-89376-016-4

NE: Auer, Frank von [Hrsg.]; Europäisches Gespräch <39, 1991, Recklinghausen>; Ruhrfestspiele <44, 1991, Recklinghausen>; Europäisches Gespräch: Reihe Europäische Gespräche

Der vorliegende Band gibt die Beiträge des EUROPÄISCHEN GESPRÄCHs 1991 in Recklinghausen im Rahmen der Ruhrfestspiele wieder und entstand in Zusammenarbeit der Hans-Böckler-Stiftung mit dem Talheimer Verlag. Die Publikation und das Europäische Gespräch wurden gefördert mit Zuwendungen der Landesregierung Nordrhein-Westfalen, des Bundesministeriums für Bildung und Wissenschaft und der Europäischen Gemeinschaft.

Zeichnungen: R. Wechterstein

Talheimer Verlag
Satz und Vertrieb GmbH
7406 Mössingen-Talheim, Rietsweg 2
1. Auflage 1992
Redaktionelle Arbeiten: Welf Schröter

Umschlaggestaltung: Töpfl Grafik + Design, Rottenburg-Wurmlingen
Satz: Talheimer Verlag
Druck: Konkordia, Bühl/Baden
ISBN 3-89376-016-4

Inhalt

Geteilte Lebensbedingungen in einem geeinten Land

Die Deutsche Mark im Kreuzverhör

Heimat und Freunde

Interessenkonflikte und Wohlstandsgefälle

Anhang

Frank von Auer

Europäische Nachbarn im Gespräch

Hinter uns liegt das zweite Europäische Gespräch in der neuen Folge. Unserer Einladung, im Mai 1991 nach Recklinghausen – der Stadt der Ruhrfestspiele – zu kommen, folgten 350 Teilnehmer aus 12 Ländern. Mit ihnen diskutierten wir die neue Rolle des vereinten Deutschland in Europa.

Als wir das Thema „Der Nachbar Deutschland im europäischen Haus" formulierten, leitete uns die Befürchtung, daß unsere ausländischen Gäste diesem neuen Deutschland mit Mißtrauen begegneten. Wir hatten die Rede des tschechoslowakischen Staatspräsidenten, Vaclav Havel, in Erinnerung, mit der er Richard von Weizsäcker, den deutschen Bundespräsidenten, 51 Jahre nach dem Einmarsch deutscher Truppen am 15. März 1990 auf der Prager Burg begrüßte: „Ganz Europa muß den Deutschen dankbar sein, daß sie begonnen haben, die Mauer niederzureißen, die sie trennt, weil sie damit auch die Mauer niederzureißen begannen, die Europa trennt. Trotzdem fürchten noch viele Europäer ein vereinigtes Deutschland." Und so gaben wir dem Europäischen Gespräch 1991 den Untertitel: „Erwartungen und Irritationen: über eine ‚Reichsgründung' ".

Im Herbst 1990 antwortete der deutsche Präsident: „Ich bin glücklich und dankbar, daß wir uns nunmehr als freie Völker begegnen, die ihren Weg in eigener demokratischer Verantwortung gehen. Eben deshalb können wir von neuem unsere uralte Nähe zueinander empfinden und beleben. Wir können ohne Erbitterung und Mißtrauen beisammen sein. Wir können uns unsere Geschichte bewußtmachen und dann auch erkennen, daß wir im Lichte aller wichtigen Aufgaben der Zukunft aufeinander angewiesen sind und füreinander Verantwortung tragen."

Wenn wir auf diese drei Tage, die wir im Mai 1991 miteinander verbracht haben, zurückblicken, stellen wir als deutsche Veranstalter nicht ohne Erstaunen, aber mit großer Dankbarkeit fest: Es gab kein Mißtrauen gegenüber dem vereinigten Deutschland; auch „Irritationen" sind nicht formuliert worden. Umso größer waren die vielfältigen Erwartungen, die an die neue Rolle des vereinigten Deutschland in Europa geknüpft wurden: Erwartungen an seine ökonomische Leistungsfähigkeit, das soziale Gefälle im eigenen Land, zugleich aber auch zwischen Ost und West auszugleichen; Erwartungen an seine demokratische Stabilität und seine Fähigkeit, Interessenkonflikte auf vernünftige Weise zu lösen und sich damit als Modell eines sozialen und demokratischen Rechtstaates für den Aufbau der neuen Demokratie zu erweisen; Erwartungen schließlich an die internationale Verläßlichkeit dieses vereinigten Deutschland in Europa und daß es sich als friedenstiftend bewähre.

Alle diese Erwartungen sind nicht selbstverständlich. Wir tragen an einer Vergangenheit, die viele unserer europäischen Nachbarn bis auf den heutigen Tag belastet. Daß wir uns dessen bewußt sind, bezeugte die Einladung an Lew Kopelew, den mutigen Verfechter der Menschenrechte und großen Schriftsteller, fast auf den Tag genau fünfzig Jahre nach dem Einmarsch deutscher Truppen in die Sowjetunion über „Die gemeinsame Hoffnung Europa" zu sprechen. Die Schicksalsverbundenheit zwischen Deutschen und Russen, ihre gemeinsame kulturelle Tradition, ihre durch Brüche gekennzeichnete Freundschaft haben heute geschichtliche Bedeutung: „Von deutschem und russischem Boden muß gemeinsam Frieden ausgehen." Er erinnerte an das Vermächtnis Andrej Sacharows und seine beharrliche Mahnung, daß Politik, Wissenschaft und Moral zu einer unlösbaren Einheit verschmelzen müßten, damit Europa zu einem Haus werde, in dem sich menschenwürdig leben lasse. Und der Regisseur Hansgünther Heyme konnte mit seinem Beitrag „Kultur und Politik – ein europäisches Thema" an den Schriftsteller anknüpfen: „Die europäische Einigung hat keine menschliche Zukunft, wenn Kunst nicht unabhängig ist, Kunst und Kultur als konstitutive Bestandteile nicht anerkannt und gefördert werden, die sich jeder menschlichen Demütigung widersetzen."

Wir haben das Thema „Deutschland in Europa" nicht aus nationalistischen Gründen vorgeschlagen. Wir wissen, die Vereinigung Deutsch-

Frank v. Auer

lands weckt auch Erinnerungen an Zeiten der Hegomonie, der Bedrohung und des Krieges. Wie aber die Beiträge unserer ausländischen Referenten zeigten, weckt sie auch Erwartungen, Hoffnungen auf ein anderes, ein demokratisches und ein friedensstiftendes Deutschland. Und – diese Erwartungen überwogen bei weitem.

Wie es nicht selbstverständlich war, daß die Hoffnungen auf die neue Rolle des vereinten Deutschland in Europa stärker waren als die Irritationen unserer Nachbarn, so entdeckten wir deutsche Teilnehmer, wie wenig selbstverständlich es für uns ist, die Fülle dieser Erwartungen aufzunehmen. Wir sind nicht darauf vorbereitet. Wir weigern uns – wenn in der Regel auch aus ehrenwerten Motiven –, die Realität der neuen Rolle Deutschlands in Europa wahrzunehmen: „Die Beziehung Deutschlands zur Familie der europäischen Völker und die Beziehung dieser Familie zu Deutschland ist traditionell – schon im Hinblick auf seine Größe, Stärke und zentrale Stellung – das wichtigste Element der europäischen Stabilität." Nicht ein Deutscher benennt diese Realität, sondern Vaclav Havel. „Größe, Stärke und zentrale Stellung" – kaum ein Deutscher wagte so zu sprechen. Wir müssen es noch lernen, diese neue Rolle anzunehmen, als Verpflichtung zu verstehen und für den Aufbau eines friedlichen und sozialen Europas zu nutzen. Mit Havels Worten: „Ich glaube, dies gibt den Deutschen eine große historische Gelegenheit: Es liegt vor allem an ihnen, den Europäern die Furcht zu nehmen."

In diesem Sinne machte das Europäische Gespräch ein Angebot zum Dialog. Und dieses auf drei Ebenen:

Wir haben Deutschland zur Diskussion gestellt – mit unseren ausländischen Gästen aus den westlichen und östlichen Nachbarländern. Den Dialog mit den westlichen Nachbarn haben wir in der Vergangenheit üben können; der Dialog mit den östlichen Nachbarn ist auch für uns neu und stellt uns vor neue Herausforderungen. Es liegt nicht nur in unserer Verantwortung, sondern auch in unserem Interesse, daß es nicht auf Dauer Europäer erster und zweiter Klasse gibt. Der Vorsitzende des estnischen Gewerkschaftsbundes, Siim Kallas, hat insbesondere darauf aufmerksam gemacht, von welcher Bedeutung die Entwicklung in den Ländern der Sowjetunion ist. Nicht nur deshalb, weil dieses Reich, das sich derzeit differenziert, immer noch eine der stärksten Militärmächte der Welt ist, sondern weil die wirtschaftliche Stabilität der Sowjetunion und der aus ihr hervorgegangenen freien Republiken nicht nur für unsere osteuropäischen Nachbarn, sondern für Europa insgesamt von zentraler Bedeutung ist. Wir sind nachdrücklich darauf hingewiesen worden, daß es nicht nur darauf ankommt, Geld und Waren für den Aufbau dort einzusetzen, sondern daß es notwendig ist, technisches und ökonomisches Wissen zu transferieren. Deshalb muß der Dialog in Recklinghausen über diese drei Tage hinausweisen und praktische Konsequenzen haben.

Zum anderen vereinigte dieser Dialog unter gewerkschaftlichem Dach Menschen aus unterschiedlichen Arbeitsfeldern und Interessenlagen – aus Gewerkschaften, Wissenschaft, Kultur und Politik. Wie wir in diesen Tagen erfahren haben, ist auch ein solches Unterfangen nicht immer ganz einfach. Künstler haben Ökonomen vorgeworfen, daß sie ihre Wahrnehmungen nicht teilen; und umgekehrt ärgern sich Politiker, bisweilen auch Gewerkschafter, über eine angebliche oder tatsächliche Realitätsferne künstlerischer Analysen und Problemlösungen. Wir haben gelernt, daß solche Berührungsprobleme überwindbar sind und überwunden werden müssen, wenn die Vereinigung Europas zu menschenwürdigen Lebensverhältnissen führen soll. Sie ist mehr als ein ökonomischer Prozeß.

Der dritte Aspekt dieses Dialogs war die bewußte Einbeziehung von Partnern, Kritikern und auch von Gegnern gewerkschaftlicher Politik. Es kommt ja nicht nur darauf an, die eigenen Interessen wortgewaltig artikulieren zu können. Das hat seine Tradition, und jeder hat es auf seine Weise gelernt. Von einer Kultur des Dialogs läßt sich erst sprechen, wenn die Phase des Theatralischen vorbei und die gemeinsame Suche nach sozialen Konfliktlösungen eingeleitet worden ist.

So gab es vielfältigen Gedankenaustausch während des Europäischen Gesprächs 1991 – und am Rande auch viele persönliche Gespräche. Und vermutlich sind es diese persönlichen Begegnungen, an die wir während der Putschtage vom 19. bis 21. August 1991 in Moskau oder des immer noch andauernden Bürgerkrieges in Jugoslawien am intensivsten dachten – an Kollegen und bisweilen auch Freunde. Gute Nachbarschaft im europäischen Haus ist ein gefährdetes Ziel und bleibt als beständiger Auftrag.

Der große Europäer Willi Brandt hat im Mai 1990 vor dem Bundeskongreß des Deutschen Gewerkschaftsbundes daran erinnert, daß wir Deutsche mehr Nachbarn haben als jedes andere europäische Volk. „Unsere Geschichte hat uns noch nie allein gehört." Und weiter: „Der Prozeß unserer nationalen Einigung muß seine Bewährungsprobe darin bestehen, daß er sich als Bestandteil und als kräftiger Antrieb der europäischen Einigung erweist." Zugleich rief er dazu auf, die Verantwortung wahrzunehmen, „die wir für diese eine Welt mitzutragen haben".

Gerhard Konow

Auf dem Weg nach Europa

Zum „Europäischen Gespräch 1991" möchte ich Ihnen die besten Grüße und Wünsche der Regierung des Landes Nordrhein-Westfalen, insbesondere des Ministerpräsidenten, Herrn Johannes Rau, übermitteln. Diese Grüße gelten in besonderem Maße den zahlreichen Gästen aus dem Ausland. Wir freuen uns, daß sie den Weg in das industrielle Kernland der Bundesrepublik gefunden haben, und wir haben für Sie den blauen Himmel bestellt, damit Sie sehen, daß auch hohe politische Zielsetzungen erreicht werden können, wenn man nur beharrlich daran arbeitet.

Meine Damen und Herren, das „Europäische Gespräch 1991" steht in der Tradition der „Woche der Wissenschaft", die über 20 Jahre lang aus Anlaß der Ruhrfestspiele von der Hans-Böckler-Stiftung veranstaltet wurde und die im letzten Jahr durch das „Europäische Gespräch" abgelöst wurde. Die diesjährige Veranstaltung steht unter einem interessanten Thema: „Der Nachbar Deutschland im europäischen Haus – Erwartungen und Irritationen: Über eine Reichsgründung". Die Landesregierung beglückwünscht die Hans-Böckler-Stiftung zu diesem Thema. Acht Monate nach dem Beitritt der DDR zur Bundesrepublik Deutschland und sechs Monate nach dem Beginn der beiden europäischen Konferenzen, die zur Währungsunion und zur politischen Union Europas führen sollen, inmitten der Diskussion in der Bundesrepublik über die Frage, wo künftig der Sitz von Bundesregierung und Bundestag sein sollen, und inmitten der Diskussion über den Nachbarschaftsvertrag zwischen der Bundesrepublik und Polen, gibt es jedenfalls aus meiner Sicht kein besseres, kein interessanteres Thema als den „Nachbarn Deutschland im europäischen Haus".

Gerhard Karow

Allerdings, ich bitte mir das nachzusehen, halte ich die Irritationen über eine „Reichsgründung" doch stark überzeichnet. In der Bundesrepublik, ich spreche jetzt nur von der politischen Seite, denkt niemand an eine Reichsgründung, auch diejenigen nicht, die für eine Verlagerung des Regierungssitzes und des Parlamentssitzes von Bonn am Rhein an die Spree eintreten. Was hier als Reichsgründung bezeichnet wird, ist staats- und völkerrechtlich gesehen, der vertraglich vereinbarte Beitritt der DDR zur Bundesrepublik Deutschland, dem übrigens die vier Siegermächte völkerrechtlich zugestimmt haben. Gewiß ist die Bundesrepublik ein bißchen größer geworden, bevölkerungsmäßig um 15 Millionen. Man sollte nicht übersehen, daß diese 15 Millionen immer noch zwei Millionen weniger sind als in Nordrhein-Westfalen leben.

Wir sind also etwas zahlreicher geworden und gewiß für die erste Zeit auch ein wenig ärmer, weil es gewaltige Arbeit, gewaltige Mengen an Geld kosten wird, die Ex-DDR, die ökonomisch und ökologisch doch ziemlich heruntergewirtschaftet worden ist, innerhalb eines vernünftigen Zeitraums auf einen einigermaßen westlichen Standard zu bringen. In der wirtschaftlichen Leistungsfähigkeit, auf dem Gebiet der sozialen Sicherheit, des Umweltschutzes, des Arbeitsschutzes, im Gesundheits- und Verkehrswesen, im Bildungswesen, im Städtebau, Sie können, meine Damen und Herren, hinsehen, wohin sie wollen, überall werden sehr massive Hilfen notwendig sein. Natürlich, und es wäre ja ganz ungewöhnlich, wenn es nicht so wäre, hat der Zusammenschluß der beiden Teile Deutschlands Freude ausgelöst und vielleicht auch eine gewisse nationale Welle der Begeisterung. Die Außenpolitik der Bundesrepublik ist aber zurückhaltend und bescheiden geblieben. Dies beweist die deutsche Haltung im Golfkrieg. Auf humanitärem Gebiet waren wir, meine ich, ganz ordentlich. Politisch und militärisch war die Bundesrepublik kaum vorhanden. Während bei unseren Verbündeten das militärische Engagement breite öffentliche Zustimmung fand und während dort militärische Leistungen Hochstimmung auslösten, stieg bei uns die Welle der Wehrdienstverweigerer auf eine bisher ungekannte Höhe. Sei es aus politischer Überzeugung, sei es aus kreatürlicher Angst. Ein Zeichen nationaler Großmannssucht ist das in jedem Falle nicht.

Ich trage keine persönliche Auffassung vor, wenn ich sage, daß zumindest aus der Sicht der Regierung des Landes Nordrhein-Westfalen, nach hiesiger Befindlichkeit und nach hiesigem Lebensgefühl, zwischen dem Zusammenschluß der beiden deutschen Teilstaaten im Jahre 1990 und der Reichsgründung von 1871 Welten liegen. Diese beiden Vorgänge haben nach meinen Dafürhalten nichts miteinander zu tun.

Nordrhein-Westfalen und die Bundesrepublik waren und sind auf dem Weg nach Europa. Die deutsche Vereinigung wird daran überhaupt nichts ändern. Politik und Verwaltung, Wirtschaft und Wissenschaft stellen sich auf offene Grenzen und auf ein politisch vereintes, föderal organisiertes Europa ein. Europäische Dimensionen und Europafähigkeit waren und sind die dominierenden politischen Leitbegriffe. Für das Land Nordrhein-Westfalen kommt hinzu, daß wir schon aufgrund unserer geographischen Lage, der wirtschaftlichen, kulturellen und landsmannschaftlichen Verflechtungen und aufgrund der Geschichte europaorientiert sind. Schließlich stammt Konrad Adenauer aus diesem Land, der die alte Bundesrepublik in die Gemeinschaft der Westeuropäischen Völker zurückgeführt hat. Schließlich sind Aachen, Bonn, Köln und Xanten 2000 Jahre alte römische Gründungen, also Städte mit durchaus überregionalem und übernationalem Gesicht.

Nicht zufällig war Aachen die Hauptstadt des Reiches Karls des Großen. Dieses Reich deckte etwa den Raum der heutigen Europäischen Gemeinschaft ab. Von Bonn aus, das sollten wir nicht vergessen, wurde der erfolgreichste, friedfertigste und glücklichste Deutsche Staat – bei allen seinen Mängeln – aufgebaut und in die Gemeinschaft der Völker eingegliedert. Von Bonn aus betrieben Politiker wie Willy Brandt und Helmut Schmidt, wie Walter Scheel und Hans-Dietrich Genscher die Öffnung nach Osten, die hoffentlich bald zu einem gemeinsamen europäischen Haus für alle Europäer führen wird.

Reichsgründungen sind meines Erachtens ein für alle Mal vorbei. Weder das 1. Reich noch das 3. Reich, noch die Weimarer Republik, die vielleicht nicht schlecht, aber schwach und erfolglos war, bieten irgendwelche attraktiven Anknüpfungspunkte.

Dennoch kann ich verstehen, wenn die Nachbarn uns argwöhnisch betrachten. Die Bundesrepublik hat nach der Sowjetunion die zweitmeisten Nachbarn in der Welt – ich glaube es sind zwölf. Und in den letzten 150 Jahren hat jeder von ihnen etwas mit dem Deutschen Reich zu tun gehabt. Meistens waren es überaus unangenehme Dinge, an die man sich dabei erinnert. Deswegen müssen wir es verstehen, wenn unsere Nachbarn die Vorgänge im geeinten Deutschland sehr kritisch betrachten und wenn sie sich auch ihre eigene Meinung zur Hauptstadtdiskussion bilden. Dennoch glaube ich sagen zu können, daß auch nach einer möglichen Verlagerung der Hauptstadt vom Rhein an die Spree die Deutschen gute Nachbarn bleiben.

Symbole und Bilder können sich doch erheblich ändern. Jahrhundertelang war der Rhein zentraler Bezugspunkt deutscher nationalstaatlicher Träume, nationaler Gefühle, nationalen Pathos. Ich erinnere an den „Wunderschönen deutschen Rhein", an „Die Wacht am Rhein", an „Deutschlands Strom nicht Deutschlands Grenze", an die „Germania" auf dem Niederwald und an das „Deutsche Eck" am Zusammenfluß von Rhein und Mosel. Heute sind Bonn und der Rhein Symbole eines besseren, eines friedlichen Deutschland, das sich aus den Trümmern preußisch-deutscher Reichsherrlichkeit entwickelt hat.

Meine Damen und Herren, ich verlasse jetzt meine Irritation über die „Irritationen: über eine „Reichsgründung" und wende mich endlich dem Thema, dem Europäischen Haus, zu. Dieses Haus, ein schönes Bild, ist längst nicht fertig. Vom Westteil der EG steht allenfalls das Erdgeschoß. Das politische Obergeschoß ist noch nicht da, dafür fehlen sogar noch die Konstruktionspläne. Möglicherweise müssen die Fundamente gründlich verändert und verstärkt werden. Aus meiner Sicht fehlt vor allen Dingen eine föderale Basis. Daß die EG-Kommission inzwischen gelernt hat, wie das Wort Subsidiarität buchstabiert wird, ist sicherlich hilfreich. Aber das reicht keineswegs aus, um dem neuen Europa eine vernünftige Struktur zu geben.

Was die Deutschen angeht, so leben wir jetzt zwar in einer einheitlichen Wohnung – um im Bild zu bleiben –, aber diese Wohnung zerfällt in zwei völlig unterschiedliche Teile. Mit dem Fall der Mauer und des Stacheldrahtes ist leider die Kluft, die seit 40 Jahren durch Deutschland geht, keineswegs beseitigt worden. Hier muß sehr viel gearbeitet werden. Was die zweite Hälfte des europäischen Hauses, die für die Osteuropäer bestimmt ist, betrifft, so haben wir bisher noch gar nichts, allenfalls guten Willen. Was wir brauchen ist Vertrauen, ist eine Fortsetzung des KSZE-Prozesses, ist Zusammenarbeit auf allen Gebieten, Solidarität, Engagement, Hilfsbereitschaft für den anderen, Bereitschaft auch dann zu helfen, wenn es sich vielleicht nicht vordergründig rentiert. Hilfsbereitschaft aus mitmenschlicher Zuwendung, ja aus Brüderlichkeit. Nicht nur die Teilung Deutschlands sondern die Teilung Europas kann nur durch Teilen überwunden werden. Das spricht man sehr leicht aus, aber das wird in der Praxis nicht ganz leicht zu realisieren sein. Gefragt sind also Tugenden, wie wir sie aus der Arbeiterbewegung kennen. Die Hans-Böckler-Stiftung ist deswegen ein sehr guter Ort, das „Europäische Gespräch 1991" zu führen. Diesem Gespräch und der Hans-Böckler-Stiftung wünsche ich in unser aller Interesse viel Erfolg.

Fritz Schaumann

Europäische Integration

Für Ihre Einladung zum „Europäischen Gespräch 1991“ danke ich Ihnen sehr. Ich begrüße diese Tagung ausdrücklich, weil sie thematisch das Bemühen fortsetzt, das von Beginn an den Prozeß der deutschen Einigung bestimmte: Es war und ist das Ziel der Bundesregierung, den deutschen Einigungsprozeß in die europäische Integration einzubetten.

Als ich das Thema dieses „Europäischen Gesprächs“ in seiner Unterzeile „Erwartungen und Irritationen: Über eine ‚Reichsgründung‘“ zur Kenntnis nahm, beschlich mich ebenfalls eine Irritation. Ich will darauf nicht zu sehr eingehen. Allerdings will ich doch klar stellen, daß es einerseits zwar selbstverständlich und historisch gut erklärbar ist, daß die Sichtweisen unserer europäischen Nachbarn in West und Ost, in Nord und Süd von Ambivalenz geprägt sind. Dies kann man den veröffentlichten Meinungen entnehmen oder in direkten Kontakten erkunden. Insofern sind „Erwartungen und Irritationen“ sicher eine richtige Beschreibung. Doch habe ich andererseits in den letzten eineinhalb Jahren zunehmend die Erfahrung gemacht, daß die positiven Stellungnahmen in den Reaktionen unserer Nachbarn überwiegen. Das äußere Vertrauen in die demokratische Entwicklung der Bundesrepublik ist stabil. Die Perspektive eines vereinigten Deutschland in der Europäischen Gemeinschaft wird von Sympathie, Wohlwollen und Unterstützung getragen. Dies halte ich für eine sehr gute Voraussetzung, um unsere nationalen Probleme innerhalb des europäischen Prozesses lösen zu können. Ich sehe keine Anknüpfungspunkte, die unsere Nachbarn verleiten könnten, so etwas wie eine „Reichsgründung“ zu befürchten.

Nachbarn müssen voneinander lernen. Dies gilt im europäischen Rahmen für uns Deutsche wie auch für alle anderen Völker. Insofern stellt das „Europäische Gespräch“ eine internationale Lernstatt von Europäern über europäische Themen dar. Nachbarn müssen ihre Beziehungen zueinander praktisch vertiefen, verbessern und ordnen, damit sie dauerhaft werden und bleiben können. Besondere Möglichkeiten liegen hierfür im Bereich der Bildung und der Kultur. Deshalb ist nicht zu Unrecht dieser Bereich ein wichtiger Bestandteil Ihrer Gesprächsforen.

Bundeskanzler Kohl und Bundesminister Genscher haben bei allen sich bietenden Gelegenheiten verdeutlicht, daß wir den freundschaftlichen Austausch mit allen Partnern in Europa suchen. Insofern setzt diese Bundesregierung etwas fort, was bereits die soziallliberalen Bundesregierungen verfolgt haben, nämlich die aktive Beförderung des europäischen Einigungsprozesses. Die Bundesregierung und sicher auch die Landesregierungen in der Bundesrepublik Deutschland wollen dazu beitragen, daß unsere Beziehungen von Offenheit für die Interessen unserer Partner und von Offenheit für deren Probleme getragen sind. Wir wollen uns bemühen, vorhandene Gemeinsamkeiten mit unseren Nachbarn zu verstärken. Ich denke, dabei haben wir schon ein gutes Stück des Wegs zurückgelegt. Wir wollen neue Initiativen ergreifen und auf eine verläßliche europäische Friedensordnung hinarbeiten. Ich glaube, unsere europäischen Nachbarn haben sehr viele Anlässe, sehr viele Merkpunkte, dieses Bemühen mit Vertrauen zu begleiten. Die Erfolge auf diesem Wege sprechen dafür.

Die Bildungspolitik und – in größerem Rahmen – die Kultur- und Gesellschaftspolitik können zu diesem Prozeß der Vertiefung von Gemeinsamkeiten sicher Wesentliches beitragen. Wir haben über die Jahre hinaus die internationale Zusammenarbeit im Bereich von Bildung und Wissenschaft sehr deutlich verstärkt. Dies gilt zum einen für den Austausch von Personen. Im Wissenschaftsbereich hat der Austausch innerhalb der Europäischen Gemeinschaft gerade auch durch eine verstärkte deutsche Beteiligung von Studierenden und Wissenschaftlern deutlich zugenommen. Im ost- und mitteleuropäischen Raum beginnt er, das ist positiv, denn dort gibt es noch viel zu tun. Wir haben den Anteil der ausländischen Studierenden bei uns in den letzten Jahren ebenfalls erhöhen können. Was mich besonders freut, was auch an diesem Ort, denke ich, in

Dr. Fritz Schaumann

besonderer Weise akzentuiert werden sollte, ist die Tatsache, daß endlich auch im Bereich der beruflichen Aus- und Weiterbildung die internationale Kooperation und Orientierung intensiviert werden konnte. Es wird das besondere Bemühen der Bundesregierung sein, gerade in diesem Feld nachdrücklich zu helfen.

Ich glaube, es besteht kein Zweifel daran, daß neben dem Regierungsinteresse an Europa auch das Lernen und Kennenlernen, das Interessiertsein an den Nachbarn ein ganz persönliches Interesse der Deutschen wie auch umgekehrt der Nachbarn Deutschlands ist. Daher sind die zahlreichen in den letzten Jahren erheblich gestiegenen Erfahrungsmöglichkeiten in der Freizeit der Bürgerinnen und Bürger Europas außerordentlich nützlich, um zueinander zu gelangen.

Wir haben, was das Zusammenwachsen angeht, in den vergangenen Jahrzehnten im Rahmen der Europäischen Gemeinschaft vieles erreicht. Ich bin mit Herrn Konow der Meinung, daß dieser Staat, der über 40 Jahre besteht, der erfolgreichste Staat auf deutschem Boden ist, soweit wir die Geschichte überblicken können. Ich bin der Überzeugung, daß die Europäische Gemeinschaft alternativlos ist und daß man sie gründen müßte, wenn es sie nicht schon gäbe. Gleichwohl stehen wir beim weiteren Aufbau dieser Gemeinschaft vor einem gerüttelten Maß an Problemen der Konstruktion. Das will keiner und darf keiner verschweigen. Aber deshalb gibt es ja auch immer wieder Anlässe für solche Foren, um sich über den Stand des Erreichten zu verständigen und Perspektiven für das vor uns Liegende zu erörtern.

Der Entwicklungsprozeß der letzten Jahre hat das Augenmerk in besonderer Weise auf Mittel- und Osteuropa und die Entwicklung der mittel- und osteuropäischen Staaten gelenkt. Das konnte nicht ohne Irritationen insbesondere bei unseren westeuropäischen Nachbarn bleiben. Einige hatten befürchtet – ich hoffe allerdings, daß das weitgehend gemindert ist –, daß wir durch den Prozeß der Einigung und die besondere Aufmerksamkeit auf die Entwicklung in den mittel- und osteuropäischen Staaten und der Sowjetunion den Prozeß der – jetzt muß ich sagen – (west-) europäischen Integration aus dem Auge verlören. Es war immer Ansatz bundesdeutscher Politik, die europäische, EG-orientierte Integration in ein weiteres Umfeld einer europäischen Einigung in Nord, Süd, Ost und West zu stellen. Insofern halte ich diese Irritationen für unbegründet. Im Gegenteil, ich sehe es als zentralen Bestandteil bundesdeutscher Politik an, in dieser Verknüpfung EG-orientierter europäischer Einigung und der Einbeziehung der mittel- und osteuropäischen Staaten als Scharnier zu wirken, dies gebietet uns schon die geographische Lage und die Vielzahl unserer Nachbarn.

In Sonntagsreden läßt sich das wunderschön ausdrücken. Die Praxis ist allerdings mühsamer, das weiß jeder, der sich damit beschäftigt. Wir haben im Bereich von Wissenschaft und Bildung wie im Bereich der Wirtschaft eine Reihe von Projekten auf den Weg gebracht, in denen es darum geht, durch systematisch orientierten Austausch voneinander zu lernen. Ich hoffe, daß diese gemeinsamen praktischen Erfahrungen zu dem führen, was wir alle wollen: der Vertiefung unserer gegenseitigen Beziehungen.

Dazu gehört, daß diese nach außen und insbesondere auf den Prozeß der europäischen Integration gerichteten Bemühungen der Bundesrepublik Deutschland, selbstverständlich auch ihr Spiegelbild im Innern haben müssen und daß wir uns in unseren strukturellen Gegebenheiten werden umstellen müssen, soweit wir es noch nicht getan haben. Das berührt in besonderer Weise sicher auch den Bereich von Bildung und Wissenschaft. Ein Grußwort reicht nicht, um das im Detail auszubreiten, doch möchte ich in diesem Zusammenhang zumindest sagen, daß ich mich freue, daß Länder und Bund es auch in der schwierigen föderalen Gemengelage, die Bildung und Wissenschaft und Kultur in der Bundesrepublik Deutschland kennzeichnen, geschafft haben, eine gemeinsame deutsche Position in die seit dem Beginn dieses Jahres laufenden Regierungsverhandlungen über die Politische Union einzubringen.

Für eine solche Freude gibt es mindestens zwei Gründe. Erstens, daß es überhaupt gelang, eine solche gemeinsame Position zu erarbeiten. Da ist es ein glücklicher Zufall, daß nicht Herr Rau hier sitzt, sondern Herr Konow, er hat daran einen entscheidenden Anteil. Es freut mich aus dem zweiten Grunde, weil wir gerade aufgrund unserer zuweilen nervtötenden Gegebenheiten soviel Erfahrung beim Aufbau föderaler Strukturen und im Umgang mit denselben haben, daß wir durchaus gute Beispiele für eine Konstruktion Europas auf föderaler Grundlage liefern könnten, wenn wir nur aktiv und konstruktiv mitwirken und dieses auch beständig tun.

Dieses war für den Bereich von Bildung und Wissenschaft in den vergangenen Jahren leider nicht ausgesprochen selbstverständlich, deshalb freue ich mich, daß hier eine Wende eingetreten ist.

Wir wollen in der Gemeinschaft eine verstärkte Zusammenarbeit bei inhaltlichen Fragen wie auch eine verstärkte persönliche Begegnung. Wir wollen überall dort Gemeinsamkeit als synergetischen Effekt, wo dieses der Integration hilft. Aber wir wollen um keinen Preis die vielfältigen Gegebenheiten einebnen, die gerade die Kultur, die Bildung und die Wissenschaft der Mitgliedstaaten der Europäischen Gemeinschaft und der Staaten in ihrem weiteren Umfeld auszeichnen. Es ist daher unerläßlich, und dies sollte von allen Beteiligten, einschließlich der EG-Kommission vorbehaltlos eingeräumt werden, daß weiterhin in einem gewissen Sinne national orientierte Perspektiven insbesondere im Bereich von Bildung und Wissenschaft vorherrschen, zumal dies auf keinen Fall nur deutsche Perspektiven sind, sondern die Perspektiven für ein vielgestaltiges, unterschiedliches, lebendiges und erfolgreiches Europa.

Ich wünsche dem „Europäischen Gespräch" viel Erfolg im Umgang miteinander und viele gute daraus resultierende Erfahrungen, die sich weitergeben lassen.

Peter Borggraefe

Partnerschaften entwickeln

Im Namen des Rates und der Verwaltung der Stadt Recklinghausen darf ich die Teilnehmerinnen und Teilnehmer des zweiten „Europäischen Gesprächs“ neuerer Zeitrechnung herzlich begrüßen. Es ist uns eine große Ehre, daß Lew Kopelew diese Tagung im Rahmen der Ruhrfestspiele mit seinem Beitrag eröffnet.

Ich sprach von der neueren Zeitrechnung, denn der Gedanke des „Europäischen Gesprächs“ der Ruhrfestspiele reicht zurück bis in den Anfang der fünfziger Jahre. Walter Dierks und Eugen Kogon hatten damals den Anstoß für ein derartiges Forum gegeben. Bei den Beratungen über die zukünftige Gestaltung der Ruhrfestspiele hat die Stadt Recklinghausen sich ebenfalls dafür ausgesprochen, diese Tradition wiederzubeleben. Geleitet hat uns bei dieser Überlegung die Überzeugung, daß die Politik der Verständigung, die sich in den fünfziger und sechziger Jahren gegenüber Westeuropa und insbesondere Frankreich erfolgreich gestaltete, gegenüber unseren osteuropäischen Nachbarn noch nachgeholt werden muß. Der Beginn der Entspannungsperiode ermöglichte erste Ansätze. Wir wollen versuchen, gegenüber der Sowjetunion, Polen, Ungarn und der Tschechoslowakei ein ähnlich freundschaftliches Verhältnis zu entwickeln wie gegenüber unseren Freunden in Frankreich, Großbritannien, Italien und den Niederlanden.

Das Thema Europa bedeutet für uns ein Geben und Nehmen. Erfahrung aufnehmen und Hilfe geben. Gerade in Richtung Osteuropa ist dies jetzt von großer Wichtigkeit. Hier sind auch die Gemeinden gefordert. Die kommunale Seite kann durch die Errichtung und Pflege von Städtepartnerschaften dazu ihren Teil beitragen. In Richtung Osten hat unsere

Stadt ein bescheidenes Pflänzchen. Recklinghausen schloß in den vergangenen Jahren eine immer enger werdende Partnerschaft mit der Stadt Schmalkalden/ehemals DDR. Bei unserer Aufbauhilfe in der jüngsten Vergangenheit haben wir gelernt, daß es uns hier im Westen nur gut gehen kann, wenn es auch unseren Nachbarn im Osten gut geht.

Europäische Partnerschaften zu entwickeln, sollte eine der Aufgaben der Ruhrfestspiele in der Zukunft sein. Die Behandlung der Irritationen angesichts der deutschen Vereinigung gibt hierzu ein Chance. Wir dürfen nicht vergessen, daß die deutsche Reichsgründung 1871 als Folge eines blutigen Krieges gegen den Widerstand unserer europäischen Nachbarn durchgesetzt worden war. Nationale Gedenktage, wie etwa der frühere „Sedanstag", an dem Kinder schulfrei hatten und die Stadt beflaggt war, müssen der Vergangenheit angehören. Doch dazu muß man sich dessen verantwortungsvoll erinnern, um die Ausmaße zu begreifen, die der Nationalismus in Europa im Gefolge der Französischen Revolution bekommen und zu welchen Folgen er geführt hat.

Es geht darum zu lernen, nationale und kulturelle Identität in Toleranz und Konsens mit den anderen europäischen Völkern weiterzuentwickeln. Die Vielfalt von Identitäten sollte nicht als Bedrohung, sondern als Bereicherung empfunden werden.

Ich wünsche der Tagung Erfolg und noch viele weitere „Europäische Gespräche".

Hansgünther Heyme

Kultur und Politik

Kunst ist aufgerufen zu provozieren und Widerspruch zu erzeugen. Die Politik muß lernen, daß Kunst herumnörgelt. Wir wollen für dieses Nörgerln geliebt und bezahlt werden. Das ist etwas, das die Politik nicht verstanden hat.

Die Ruhrfestspiele versuchen mit dem europäischen Gespräch über uns nachdenken zu lassen. Freunde aus verschiedenen Ländern sollen zur Gründung eines größeren Deutschland etwas sagen. Das „Europäische Gespräch" als ein wesentlicher Bestandteil der Ruhrfestspiele soll uns veranlassen, wissenschaftlich, politisch und künstlerisch über „Reichsgründungen" nachzudenken.

Es gibt das Problem der Verwechslung von Kunst und Kultur. Ich habe dafür den Slogan gebraucht, die Kultur habe etwas mit der Zahnbürste zu tun und die Kunst mit Aischylos. Die Verwechslung von Kunst und Kultur bei der SPD und dem Deutschen Gewerkschaftsbund ist historisch gewachsen. Die Kunst betrifft nicht die Zivilisation. Es geht nicht darum, den Trabi durch ein anderes Auto zu ersetzen. Haben wir den Menschen im Osten mehr zu bieten als Wohlstand? Es geht um Kunst als Mehrwert. Was kann und soll sie leisten? Doch die Etats der Kunst sind von der Politik wieder einmal bedroht. Das Schlimme ist, daß die Kunst vornehmlich zu teilen hat. Das Gemeinsame im utopischen Zusammengehen zwischen Politik und Kunst ist gehalten, immer wieder über Geld nachzudenken. Die Kunst wiederum sieht sich weniger im Auftrag einer Politik, die Kunst als Unterhaltung, als Ablenkung und nicht als Hinlenkung auf Probleme versteht oder verstanden wissen will.

Der Marshall-Plan für Osteuropa, wie es ein Politiker genannt hat, muß meines Erachtens gebaut werden mit den äußerst wesentlichen Partikeln der Kunst. Ich glaube, nur die Kunst ist im Moment in der Lage,

Hansgünther Heyme

Utopien zu formulieren, – humanistische, sozialistische Utopien. Wir benötigen die Fähigkeit zu universellem Wissen und Denken, vielleicht auch Fühlen, das über das Individuum hinausgeht und zum Partner führt. Wir brauchen die Fähigkeit, als gesellschaftliches Wesen tätig zu sein. Kunst kann uns lehren, historische Dimensionen zu verstehen, Bausteine für ein Morgen zu finden. Doch auch ohne ein Gestern werden wir das gemeinsame europäische Haus nicht bauen können.

In den neuen Bundesländern herrscht die Angst vor der Zukunft. Vor allem unter der jungen Generation führt materielle Utopielosigkeit zu Verzweiflung und zum Teil zu Gewalt. Es sind Zeichen der Auflösung. Ihr Schrecken sollte uns zu Veränderungen und Hilfen mahnen. Es hilft nicht, dieser Jugend von uns aus mit Angst zu begegnen, sie zu verteufeln. Da hilft nur ein Sprechen sowie Hilfe durch die Ökonomie.

Schlimm wäre es, wenn Theaterleute und Künstler von hier ihre Modelle dorthin übertragen wollen. Die Rettung kann nur aus den Ländern selbst kommen, wenn Hoffnungen von Menschen erarbeitet werden, die dort leben. Kunst ist kein Heilpflaster. Kunst hilft bei der Abfuhr des Mülls aus der Seele. Kunst bietet die Chance, anders zu denken, reicher – im seelischen Sinne – mit sich und dem Partner umzugehen.

Die europäische Einigung hat keine menschliche Zukunft, wenn Kunst nicht unabhängig ist, Kunst und Kultur als konstitutive Bestandteile nicht anerkannt und gefördert werden, die sich jeder menschlichen Demütigung widersetzen.

(Auszug aus dem Beitrag; redaktionelle Bearbeitung)

Über Lew Kopelew

Sacharows Erbschaft

‚Wer sich anschickt, in einem größeren Haus eine Trennwand für die wechselseitige Öffnung zweier Zimmer herauszunehmen, sollte stets die Gesamtstatik des Gebäudes im Auge behalten. Dies gilt insbesondere dann, wenn es sich um eine tragende Wand handelt.‘ Derartige handwerkliche Erfahrung mag als heimliches Leitmotiv gedient haben, als Gewerkschafter, Wissenschaftler und Künstler, Männer und Frauen aus unterschiedlichsten Ländern sich zusammensetzten, um über die Zukunft des gemeinsamen Hauses Europa zu beraten. Mit diesem Motiv begrüßte das zweite „Europäische Gespräch“ seinen Ehrengast Lew Kopelew. Als Germanist, Wissenschaftler und Schriftsteller russischer Tradition war er gebeten worden, seine „Gebäudestatik“, seinen Traum und seine Hoffnungen auf ein friedliches Europa mitzuteilen.

Fünfzig Jahre nach dem gewaltförmigen Überfall deutscher Truppen auf die Sowjetunion deutete der Träger des Remarque-Preises die Beziehungen zwischen Deutschen und Russen als weitreichende „Schicksalsverbundenheit“. Die „geistige Wahlverwandtschaft“ der Kulturen beider Länder gebe dieser Geschichte einer durch Brüche gezeichneten Freundschaft eine zentrale Bedeutung für das Gelingen der europäischen Einigung: „Von deutschem und russischem Boden muß gemeinsam Frieden ausgehen.“

Kopelew brachte die Literaten Heinrich Böll, Bert Brecht, Iwan Turgenjew und Boris Pasternak in Erinnerung, die ihrerseits immer versucht hätten, kulturellem gegenseitigen Verständnis und dem Abbau von Feindbildern nachzukommen. Der fast 80jährige Unterstützer der Perestroika Gorbatschows mahnte die Verantwortung beider Völker für die Welt an: „Das Haus Europa ist keine Metapher. Es ist eine Realität in der großen Siedlung Erde.“ Deutsche und Russen trügen maßgebliche Verantwortung dafür, daß der Planet bewohnbar bleibe. Erforderlich sei deshalb eine „geistige Ökumene“ als praktische „Vorbeugung gegen die Apokalypse“. Die Beziehungen zwischen den Völkern der Deutschen und Russen beeinflußen die Zukunft der „Siedlung Erde“.

Immer wieder bestand er auf der Einhaltung eines moralischen Imperativs im Umgang der Völker. Die unterschiedlichen Kulturen hätten ihrerseits Erbschaften der Toleranz hervorgebracht, die heute von elementarem Gewicht seien. Er verwies auf die Bergpredigt, auf Kant, Buddha und Laotse. Europa müsse sich fähig erweisen, Vorurteile in Freundschaft zu verwandeln. In Anspielung auf den englischen Politiker Gladstone monierte Kopelew: „Was moralisch falsch ist, kann politisch nicht richtig sein.“

Kopelew wandte sich zugleich an Politik und Wissenschaft. Den Prozeß der Abrüstung müsse man fortsetzen. Anstatt Vernichtung sollte Frieden und der Kampf gegen den Hunger geplant werden: „Eine unmoralische und unpolitische Wissenschaft ist eine tödliche Bedrohung der ganzen Menschheit.“

Kein Zweifel – der bedächtig sprechende, weißbärtige Kritiker des Stalinismus formulierte das ethische Gewissen des „europäischen Hauses“, als er eindringlich den Zuhörern das „Vermächtnis Andrej Sacharows“ ans Herz legte. Sacharow habe seit seinem Memorandum aus dem Jahre 1968 ungebrochen ein „neues Denken“ eingefordert, in dem eine unlösbare Einheit von Politik, Wirtschaft, Wissenschaft und Moral vorherrscht.

Unmoralische Politik konnten sich frühere Politiker vermeintlich ‚leisten‘. Eine unmoralische, nichtwissenschaftliche und die wirtschaftlichen Gegebenheiten ignorierende Politik wäre jedoch im Zeitalter der ABC-Waffen und der Tschernobyls das Todesurteil für die Menschheit. Desgleichen gelte für die Wissenschaft. Forscher, die an der Entwicklung neuester Waffen, Kampfflugzeuge und immer schlimmerer, sogenannter ‚vollkommenerer‘ Giftgase arbeiteten, dürften das Thema Moral in den Feierabend verdrängt haben: „Eine unmoralische und unpolitische Wissenschaft ist heute nicht nur eine tödliche Bedrohung für einzelne Völker sondern für alle Menschen.“

Lew Kopelew

Es kommt nicht darauf an, daß die Völker einander liebten, sondern daß sie einander gewahr werden, einander verstehen können und dulden lernen: „Was wir benötigen ist Toleranz, ideologiefreie, dogmatikfreie Toleranz. Das ist meiner Meinung nach die absolut unbestreitbare Konsequenz aus der Geschichte der letzten Jahrzehnte in Europa und in der ganzen Welt. Dafür gibt es nur eine Waffe, nur ein Werkzeug: Das Wort, das gedachte, gesprochene, geschriebene, gesungene Wort."

Sacharows moralische Verbindung sei der Grundstein des europäischen Hauses. Solle der Bau gelingen, so müssten sich die Handwerker bei der Veränderung tragender Wände diesem europäischen Humanisten Sacharow verpflichtet fühlen.

Welf Schröter

Karol Sauerland

Deutsche „Reichsgründungen"

Wieviel deutsche Reichsgründungen gibt es? Vier? Das Heilige Römische Reich Deutscher Nationen? Das sogenannte Bismarck-Reich? Das Dritte Reich? Und jetzt die erweiterte Bundesrepublik Deutschland? Aber so richtig gegründet wurde nur einmal: 1871 in Versailles. Das Unheil war vorprogrammiert. Die Deutschen bekamen es in den Versailler Verträgen zu spüren. Die Bemühungen um deren Revision in der Weimarer Republik und vor allem im Dritten Reich endeten mit zwei Neugründungen zweier Halbreiche: Der BRD und der DDR. Die Abkürzungen spiegelten nicht echtes Selbstbewußtsein wider, sondern Verlegenheit, gespaltenes Bewußtsein. Nur kein Reich mehr!

Das erste Reich, das Heilige Römische Reich, Sacrum Romanum Imperium, wurde nicht gegründet, sondern entstand so langsam. Obwohl die populäre Geschichtsschreibung das Jahr 962 mit Otto dem Großen als ihren Anfang setzt, taucht es erst 1034 unter Konrad II. in einer Urkunde auf. Als Idee wird das Sacrum Romanum Imperium in der Mitte des zwölften Jahrhunderts unter Kaiser Friedrich I. wirksam, indem er sich einerseits an das Kaiserrecht Justinians anlehnt und er andererseits die sacrale Würde des Reichs gegenüber der Sancta Ecclesia, der Heiligen Kirche, betont. Der Zusatz „Nationis Germanicae", Deutscher Nationen, stammt aus dem fünfzehnten Jahrhundert. Er diente dazu, Italien und Burgund auszuschließen, d.h. anzudeuten, daß der imperiale Anspruch auf den Süden und Westen nicht mehr besteht. Eine deutsche Reichsidee, die nichts mehr mit einer Transformation römischer Reichsvorstellungen in ein christliches Reich zu tun hat, kommt erst im 17. Jahrhundert auf, obwohl es schon im Reformationszeitalter phantastische Spekulationen über die Sendung der Germanen gegeben hat.

Das Sacrum Romanum Imperium Nationis Germanicae wird 1806 formal aufgelöst. Der Imperator Napoleon konnte ein solches, wenn auch papiernes Imperium nicht dulden. Doch seine imperialen Bestrebungen förderten die Herausbildung eines deutschen Nationalbewußtseins, von dem dann die Achtundvierziger getragen werden sollten, als ein Teil der Abgeordneten in der Paulskirche von einem Großdeutschland träumte. Es sollte durch Österreich die mittelländische Lage und durch Preußen die Ostseelage sowie den unteren Rhein gewinnen und mit Hilfe der anderen Staaten ein kompaktes Ganzes bilden. Der Staatstheoretiker Liszt sah ein auf technischem Gebiet blühendes Deutschland vor sich, welches in der ganzen Welt an Bedeutung gewinnen wird. In Frankfurt war sogar von der Erlangung einer überseeischen Stellung und der Notwendigkeit des Ausbaus einer Flotte die Rede, was in London mit Beunruhigung vernommen wurde. Die Briten taten von nun an alles, um es nicht zu einem großdeutschen Reich kommen zu lassen. Die 48-er Revolution fand zwar ein klägliches Ende, aber das nun einmal erwachte deutsche Nationalbewußtsein blieb für politisches Denken weiterhin bestimmend. Ohne ein Denken in Begriffen der deutschen Einheit, des deutschen Staates, des deutschen Reiches wäre die große Begeisterung über das Werk von 1871 nicht möglich gewesen.

Und diese Reichsgründung ist es, die uns heute mehr denn je interessiert. Nach 1945, dem Zusammenbruch, wie die Deutschen sagten, womit wohl der des Reiches oder auch aller deutschen Reiche gemeint war, herrschte weit und breit die Überzeugung, daß das Übel 1871 bzw. 1864 im Krieg gegen Dänemark seinen Anfang genommen habe; bis dann in der bundesdeutschen Geschichtsschreibung die Meinung verbreitet wurde, daß die Reichsgründung höchstwahrscheinlich unvermeidlich war und sie ein glückliches Unternehmen hätte bleiben können, wenn sich die Deutschen – insbesondere natürlich Kaiser Wilhelm II. und seine Berater – ihrer mitteleuropäischen Lage bewußt geblieben wären. Aber es setzte sich ein anderes Denken durch, für das der Ausspruch des jungen Max Weber in der Mitte der neunziger Jahre bezeichnend war: „Wir müssen begreifen, daß die Einigung Deutschlands ein Jugendstreich war, den die Nation auf ihre alten Tage beging und seiner Kostspieligkeit wegen besser unterlassen hätte, wenn sie der Abschluß und nicht der Ausgangspunkt einer deutschen Weltmacht sein sollte". Max Weber erwünschte sich allerdings eine Parlamentarisierung und sozial kluge Politik des deutschen Reiches als unumgängliche Voraussetzungen für eine erfolgreiche Ausweitung der Einflußsphären.

Als imperialistische Macht scheiterte Deutschland jedoch; daß es eine solche nie hätte werden können, habe, sagt man, bereits Bismarck gewußt, weswegen er auch auf alle überseeischen Besitzungen verzichtete. Ich weiß nicht, ob ein Staat, der für seine Gründung dreier Kriege bedurfte und dessen Kanzler nicht davor zurückschreckte, den großen Nachbarn im Westen zu demütigen, über genügend Voraussetzungen verfügt, den Großen Krieg zu vermeiden. Bismarcks Idee von der Selbstbescheidung war zwar mehr als lobenswert, aber wie kann sie von einem Staat durchgehalten werden, der von Jahr zu Jahr zivilisatorisch an Bedeutung gewinnt? Noch dazu in einem imperialistischen Zeitalter? Wie sollte die neue Generation am Ende des 19. Jahrhunderts in Deutschland begreifen, daß sich einzig die Deutschen von kolonialen Eroberungen zurückzuhalten haben, wo sie doch schon ähnlich gute und sogar bessere Schiffe als die Briten bauten, wo die deutsche chemische Industrie 85 Prozent des Weltbedarfs an synthetischen Farbstoffen produzierte, wo man mit anderen Worten überall international führend geworden war?

Die Idee der Selbstbescheidung hätte sich dagegen nach der großen Niederlage in der Weimarer Republik durchsetzen müssen, aber da war wohl die Demütigung zu groß, die Träume hatten eine zu abrupte Unterbrechung erfahren. Die Deutschen wußten, wie Thomas Mann in seinem ausgezeichneten Essay „Bruder Hitler" 1938 bemerkte, mit ihrer „Niederlage das Rechte nicht anzufangen" und sinnten nur „auf die Wiederherstellung" ihrer Ehre; sie verblieben im Märchenland, in dem „das häßliche junge Entlein" sich „als Schwan entpuppt" und der „Träumerhans" die „Prinzessin und das ganze Reich gewinnt". Thomas Mann fragte sich daher, ob Hitler, sein Bruder, wenn auch ein unersehnter, nicht die Märchenfigur der Deutschen sei.

Das Märchen platzte 1945. Es blieb erst einmal die große Scham. Selbstbeschränkung erschien jetzt als die logische Konsequenz. Das Problem war nur, wie sie aussehen sollte. Ein neutrales Deutschland? Ein Deutschland eingebunden in . . .? Der Ost-West-Konflikt brachte fast automatisch die Lösung der Probleme mit sich. Die beiden Teile Deutschlands begaben sich in das jeweilige Bündnissystem und beschränkten sich so gut wie sie konnten. Westdeutschland rappelte sich zu einer ökonomischen Weltmacht auf, zwischen Bronze- und Silbermedaille hin- und herschwankend. Die Beschränkung nahm hier nach Abschluß der Ostverträge, d.h. vor allem der Normalisierung des Berlinverkehrs, so zu, daß die meisten bundesdeutschen Bürger zu vergessen begannen, daß es eine deutsche Nation gibt, d.h. ein Gebilde mit einer gemeinsamen Geschichte, in der solche Daten wie 1618-1648, 1848, 1871, 1914-1918, 1933, 1945 etc. gemeinsame Bezugspunkte sind, mit einer gemeinsamen Kultur (Goethe, Schiller, Kant, Hölderlin, Hegel usw.), mit gemeinsamen Sitten . . . Sie begannen zu vergessen, daß ein Teil dieser gemeinsamen Nation zwischen Elbe und Oder lebt. Doch daran wurden sie erinnert als Gorbatschow die DDR quasi kampflos dem Westen abtrat. Der bundesdeutsche Kanzler, vielleicht einer der robustesten in der Nachkriegszeit, nahm das Geschenk ohne großes Federlesen entgegen und ohne jegliche Furcht vor der Zukunft des neuen Staates, welcher gleichzeitig der alte blieb. Eine Reichsgründung und doch keine, denn es bedurfte keines Gründungsaktes, nur der endgültigen Anerkennung der Ostgrenze. Die Gründung des vierten Reiches verlief umgekehrt wie bisher: Man wollte sie gar nicht so recht, im Westen jedenfalls. Man wollte nicht mehr Hans im Glück sein und wurde es. „Deutschland, ein einig Vaterland“ – gewiß, aber erst im nächsten Jahrtausend am Ende eines Umgestaltungsprozesses und nicht zu dessen Beginn.

Nach wie vor scheint alles umgekehrt zu verlaufen als früher. So langsam müssen sich die Nachbarn Deutschlands Sorgen darum machen, daß der Vereinigungsprozeß gründlich mißlingt und Deutschland im Völkerverband zu zurückhaltend sein wird.

Die deutsche Elite scheint nicht die Gefahren zu erkennen, die aus dem Osten und Süden drohen und in die auch die Bundesrepublik, speziell in ihrem neuen Teil, mit eingesogen werden kann. In allen Ländern des ehemaligen Sozialismus nimmt die Zahl der Deklassierten rapid zu, d.h. jener Menschen, die plötzlich keine Zukunft für sich mehr sehen, die

mit den neuen Verhältnissen nicht anzufangen wissen und sich zutiefst verletzt fühlen. Diese Menschen sind in ihrer Masse zu rationalem Handeln nicht fähig, sie sind nur allzu bereit, Rattenfängern hinterherzulaufen, wie uns der Fall Tymiński in Polen 1990 gezeigt hat. Dieser von KGB- und ehemaligen polnischen Sicherheitsleuten unterstützte Mann vermochte innerhalb von wenigen Wochen über drei Millionen Wähler, über 20 % derjenigen, die an der Wahl teilnahmen, für sich einzunehmen, wobei er mit dem alten Trick der Kommunisten und Faschisten arbeitete: Der internationalen Verschwörung des Finanzkapitals, die ihren Ausdruck im Weltwährungsfonds finde. Daß dort Juden aktiv seien, brauchte nur angedeutet zu werden. Balcerowicz, der polnische Finanzminister, sei der Mittelsmann dieser Verschwörung, er sorge dafür, daß keine wirklich polnischen Banken entstehen. Der zweite Trick war, daß Tymiński sich unabhängig gab, was er damit begründete, daß er ja von weit her komme, niemanden von der heutigen politischen Elite in Polen kenne. Vergessen wir nicht, Hitler war ja auch unabhängig, kam auch von nirgendwo und konnte seinen Kampf, den Kampf gegen die Bonzenwirtschaft nennen . . . Man muß betonen, daß Tymiński in einem politisch wachen Land agierte und weiterhin agiert . . .

Es ist zu befürchten, daß die Tymińskis anderswo, wenn sie kurz vor Wahlbeginn ans Licht der Öffentlichkeit treten, noch größeren Erfolg haben werden. In anderen ehemaligen sozialistischen Ländern werden sie sich nationaler Losungen offen bedienen können, denn dort gibt es weder eine Solidarność noch eine Kirche, die das nationale Vokabular schon besetzt haben . . . Welche Zauberworte die Deklassierten der ehemaligen DDR ansprechen werden, weiß ich nicht, doch dafür haben die Rattenfänger á la Tymiński ein gutes Gespür. Vielleicht reicht es aus, mit den jetzt sich herausbildenden mentalen Gegensätzen zwischen Ossis und Wessis zu operieren.

Auf jeden Fall lassen die Klagen über die ungewollte vierte, vom Ausland prinzipiell akzeptierte „Reichsgründung" nichts Gutes ahnen. Sie sei zu kostspielig, hört man. Niemand hält dem entgegen, daß die mißlungene Einheit noch kostspieliger sein würde, denn sie würde die Zerstörung Europas bedeuten. Überhaupt ist man im Ausland erstaunt, daß die Vereinigung so ausschließlich als ein praktisch-finanzieller Akt ausgelegt wird und daß man meint, ohne das Symbolische auskommen zu können. Kohl läßt de Maizière abschießen, ohne einen anderen Mann aus der ehemaligen DDR neben sich erscheinen zu lassen, aufzubauen. Ich frage mich, ob jemand, der die Wiedervereinigung aus Gesundheitsgründen verschlafen hat, bemerken würde, daß die Bonner Regierung nicht mehr eine westdeutsche, sondern jetzt eine gesamtdeutsche ist. Bei der Debatte um die Hauptstadt hörte man nur zu selten das Argument, daß die Wahl Bonns für die Ostbürger eine weitere Verletzung des Selbstwertgefühls darstellen würde. Hauptstadt und Regierungssitz stellen nun einmal Bezugspunkte für die Bürger dar: An diesen Ort wendet man sich insbesondere, wenn es einem dreckig geht . . . Ich wollte mich nicht in aktuelle Diskussionen einmischen, aber ich möchte, daß das Einigungswerk gelingt in einer Zeit, in der in Ost- und Südeuropa zum großen Teil wieder da angefangen wird, wo man nach der Beendigung des 1. Weltkrieges stand. In dieser Situation ist eine stabile Mitte vonnöten.

Hans Mommsen

Aus der Diskussion

Nation und Selbstbestimmung

HEINRICH AUGUST WINKLER: Ich möchte an einigen Punkten unmittelbar an das anschließen, was Herr Sauerland gesagt hat. Es ist in der Tat so gewesen, daß 1848/49 in Deutschland der Versuch scheiterte, Einheit und Freiheit zugleich herzustellen. Wenn man die Situation jenes Revolutionsjahres vergleicht mit der großen Französischen Revolution 1789, wird man feststellen, daß die Deutschen es in der Tat schwerer hatten. Sie mußten den Nationalstaat erst noch herstellen, den sie zugleich liberal oder demokratisch ausgestalten wollten, während die Franzosen die Einheit ja schon vorfanden, innerhalb derer es galt, bürgerliche Freiheit zu erlangen. Das Scheitern der Revolution von unten ist die Vorbedingung für jede Revolution von oben, die Bismarck zwischen 1864 und 1871 durchführte.

Ich stimme Herrn Sauerland zu, damit beginnt die eigentliche Crux. Denn dieses deutsche Kaiserreich ist gekennzeichnet durch einen Grundwiderspruch: Deutschland ist auf der einen Seite rückständig. Deutschland hat keine parlamentarische Verfassung wie das zeitgenössische Frankreich oder England oder Belgien. Es gibt insofern eine deutsche Abweichung vom Westen. Aber „politisch rückständig" ist auch eine zu einfache Vokabel, denn im Bismarckreich vollzieht sich zugleich ein Prozeß der Teildemokratisierung. Deutschland führt frühzeitig das allgemeine gleiche Männerwahlrecht ein. Dieser Widerspruch zwischen einer Demokratisierung in Gestalt der Einführung eines demokratischen Wahlrechts und der Vorenthaltung des parlamentarischen Systems wird sich zu einer großen Hypothek für die erste deutsche Demokratie nach 1918 entwickeln.

Es ist viel darüber diskutiert worden, warum 1918/19 der große revolutionäre Bruch mit der Vergangenheit nicht gelungen ist. Ich sehe zwei Hauptgründe dafür. Deutschland war ein hochindustrialisiertes Land.

Typisch für ein solches Land ist ein gewisser Bedarf an der Aufrechterhaltung der Dienstleistungen der öffentlichen Hand, ein gewisser Kontinuitätsbedarf auch in den breiten Massen. Deutschland war durch die Einführung des allgemeinen gleichen Männerwahlrechts aber auch teilweise schon zu demokratisiert, als daß etwa eine so radikale Parole wie „Diktatur des Proletariats" auf einen fruchtbaren Boden hätte fallen können. Es kommt dazu das, was Herr Sauerland angesprochen hat: mangelnde Verarbeitung der militärischen Niederlagen. Es unterblieb die Auseinandersetzung mit der großen Kriegsschuldfrage von 1914. Auf dem Boden dieser Unterlassung konnte jene Kriegsunschuldlegende gedeihen, die die Schwester der Dolchstoßlegende war. Beide Legenden zusammen ermöglichten oder erleichterten den nationalistischen Kampf gegen die erste Demokratie in Deutschland.

Weimar erscheint uns rückblickend als der Versuch, den Grundwiderspruch des deutschen Kaiserreichs zwischen kultureller und wirtschaftlicher Loyalität auf der einen und politischer Rückständigkeit auf der anderen Seite aufzuheben. Dieser Versuch ist bereits im Jahre 1930 gescheitert, als das parlamentarische System abgeschafft und durch einen bürokratischen Obrigkeitsstaat in Gestalt des präsidialen Notverordnungssystems abgelöst wurde. Aber auch dieser Versuch, das Rad der Geschichte rückwärts zu drehen, mußte scheitern, denn nun zeigte sich, daß eine demokratische Tradition nicht einfach abgeschafft werden konnte. Es war ein Bedürfnis und ein verbriefter Anspruch auf politische Teilhabe da und keine andere Bewegung hat sich dieses Anspruchs so geschickt, so demagogisch bedient wie die Nationalsozialisten, die quasi als pseudopolitische Protestbewegung, als Fürsprecher des entrechteten Volkes gegen die autoritären Regierungen antreten konnten. Diese Entwicklungen des Nationalsozialismus zur Massenbewegung war eine der Voraussetzungen dafür, daß sich 1933 eine totalitäre Variante durchsetzte. Die andere Voraussetzung war die Kontinuität jener Eliten, die durch das Präsidialsystem Zugang zur Macht hatten.

Folgerung: 1933 wurde nicht nur die erste deutsche Demokratie beerdigt, sondern der sehr viel ältere deutsche Rechts- und Verfassungsstaat. Wie die Deutschen sich der Herrschaft Hitlers nicht aus eigener Kraft entledigen konnten, war eigentlich das Ende des ersten deutschen National-

Heinrich August Winkler

staats vorprogrammiert. Insofern ist die Niederlage von 1945 historisch eine notwendige Niederlage. Der deutsche, von Bismarck geschaffene Nationalstaat ist in letzter Instanz an seinen eigenen Widersprüchen gescheitert.

Was wäre abschließend zu der heutigen Situation zu sagen? Können wir von einem zweiten deutschen Nationalstaat sprechen? Einerseits schon, denn das vereinigte Deutschland ist in gewisser Weise national sogar homogener als das Bismarckreich. Es hat keine ungelösten Nationalitätenprobleme, vergleichbar dem Problem der damals im Territorium des Deutschen Reichs lebenden Polen, der Elsässer, Lothringer und Dänen. Aber auf der anderen Seite ist uns doch wohl allen klar, daß das neue Deutschland eben kein klassischer Nationalstaat ist. Das a priori der Vereinigung war der Verzicht Deutschlands auf bestimmte Souveränitätsrechte, Stichwort ABC-Waffen, aber zu den Vorbedingungen dieser deutschen Vereinigung gehört auch die europäische und die atlantische Einbindung. Im europäischen Maßstab gesehen, besteht wohl kein Zweifel, daß die Stunde des klassischen, des souveränen Nationalstaats abgelaufen ist. Darin liegt, wie mir scheint, eine gewisse Chance.

Wenn nun die Gefahr eines sozialpsychologisch aus einer Diskriminierungssituation sehr leicht erklärbaren, fremdenfeindlichen Radikalismus in den Ländern der ehemaligen DDR gebannt werden soll, dann freilich ist es notwendig, das ökonomische Gefälle zwischen West und Ost schleunigst einzuebnen und neben einer Umverteilung großen Stils das zu bedenken, was Herr Sauerland über die sozialpsychologischen Aspekte der Vereinigung gesagt hat. Es ist auch eine Frage der politischen Symbolik, die damit zur Debatte steht.

MICHAEL REIMANN: Ich spreche aus der Sicht eines Tschechen, der mit seinem Land lange verbunden war und immer noch ist. Die deutsche Einigung unterscheidet sich von früheren Reichsgründungen durch den Grad der europäischen Akzeptanz. Sie vollzog sich mit der Zustimmung insbesondere der östlichen Nachbarn. Die deutsche Einheit war keine Bedingung für die Freiheit der mittel- und osteuropäischen Gesellschaften. Die Nachbarn im Osten konnten sich ihrer drückenden Verhältnisse entledigen, ohne daß die deutsche Einigung vorausgesetzt werden mußte.

Micha Reimann

Selbstverständlich habe ich wie manche andere auch meine Befürchtungen über die Einigung. Ich kann den Krieg, die Geschichte nicht vergessen. Dies ist Teil meines Lebens. Meine heutigen Befürchtungen rühren von dem enormen Ungleichgewicht, das sich in Mitteleuropa herausbildet. Ich sehe Deutschland, vereinigt mit großen wirtschaftlichen und politischen Kapazitäten. Ich vermute, daß sich die fünf neuen Bundesländer schneller ökonomisch entwickeln werden als die Länder östlich von Deutschland. Auf der anderen Seite sehe ich Polen, Ungarn, Rumänien, Bulgarien, die Sowjetunion sowie mein eigenes Land, die sich in einer schweren Krise befinden, aus der es keinen schnellen Ausweg gibt.

Diese Ungleichgewichte entstanden nicht durch eine Entscheidung der Deutschen. Es sind objektive Fakten. Unter meinen Freunden im Osten breitet sich Verzweiflung aus, weil man teilweise bis zu zwanzig Jahre als Zeithorizont rechnen muß, bis sich im Osten anhaltende Besserung spüren läßt. Hinzu treten Erscheinungen in Deutschland, die zwar Randerscheinungen darstellen, die aber vor dem historischen Hintergrund nicht zur Ermutigung beitragen. Dazu zählen auch die Forderungen von Vertriebenenverbänden wie etwa der Sudetendeutschen im Kontext des Vertrages zwischen Bonn und Prag. Die Sudeten haben Schweres erlitten, sie wurden vertrieben. Aber es gibt Verschulden auf beiden Seiten. Wir müssen es auf beiden Seiten bewältigen. Sollten wir uns nicht bemühen, gemeinsam einen Strich unter die Vergangenheit zu ziehen?

Falsch wäre jedenfalls eine Haltung, die an die Adresse von Prag äußert, wenn dieses oder jenes nicht akzeptiert wird, erhalten Tschechen und Slowaken keinen Zugang zu Europa.

Die Deutschen in der Mitte Europas tragen eine große Verantwortung. Sie sind eine der materiell stärksten Nationen. In der Vergangenheit haben sie es verpaßt, eine integrierende, helfende Rolle zu spielen, weil sie zu sehr mit eigenen nationalen Problemen beschäftigt waren und sich zu wenig um die Lage anderer kümmerten. Sind die Deutschen fähig, heute die Probleme ihrer Nachbarn zu berücksichtigen – oder nicht?

Optimistisch stimmt mich die Tatsache, daß die Einigung Deutschlands auf der Grundlage einer gefestigten Demokratie geschieht, auf der Grundlage einer gelungenen deutschen Revolution im Osten. Ich möchte

es noch einmal wiederholen: In den Augen vieler Menschen in Mittel- und Osteuropa liegt bei den Deutschen eine sehr große Verantwortung.

PETER BRANDT: Bei der Diskussion der letzten zehn bis zwanzig Jahre in der alten Bundesrepublik wurden häufig zwei unterschiedliche Ansätze durcheinander gebracht. Es war zunächst die Frage: Wird es wieder einen traditionellen Nationalstaat geben, der ein höheres Maß an Souveränität besitzt? Ein derartiges Ziel wurde nur von wenigen Leuten proklamiert. Die zweite – davon abweichende – Frage lautete: Welche Bedeutung erfuhr und erfährt die deutsche Teilung angesichts der Tatsache, daß die Blockgrenze mitten durch Deutschland geht und die deutsche Teilung ein Scharnier in der Spaltung Europas bildet? Letzteres veranlaßte die demokratischen östlichen Oppositionsbewegungen in den früheren Jahren ihre Position hinsichtlich der deutschen Einheit zu überdenken. Beide von mir angeführten Fragen dürfen nicht in eins gesetzt werden.

Die Nachbarn Deutschlands haben der Vereinigung zugestimmt, aber zugleich eine enge Einbindung des neues Gesamtstaates in den europäischen Prozeß verlangt. Ich bin sicher, daß Deutschland in dem Verlauf des europäischen Zusammenwachsens eine besonders wichtige Rolle spielt. Dabei erhält der Versuch, Ostpolitik mit westeuropäischen Verbündeten gemeinsam zu gestalten, eine herausragende Gewichtung. Deutschland und Frankreich haben hierbei eine erste gemeinsame Initiative gestartet. Vielleicht muß dies als Vorreiterfunktion besehen werden.

Nach der Vereinigung haben wir es – im Sinne Theodor Schielers – mit einem Vorgang der gesellschaftlichen Nationenbildung zu tun. Kaiserreich und Weimarer Republik waren unvollendet. Insbesondere im Kaiserreich fehlte die innere Selbstbestimmung der Nation. Erforderlich ist die innere und äußere Selbstbestimmung bei der Nationenwerdung. Deshalb wird der jetzige deutsche Prozeß von den europäischen Nachbarn mit großer Aufmerksamkeit verfolgt. Kann die Einigung Deutschlands mit ihrer inneren Integration ein Modellbeispiel für die Einigung Europas sein? Die Art des politischen Eingreifens und die Notwendigkeit der Umverteilung von Ressourcen wird über den Erfolg entscheiden.

HANS MOMMSEN: Meinem Eindruck nach haben wir in Deutschland derzeit eine gewisse narzistische Verengung, eine Beschäftigung ausschließlich mit der Herstellung eines guten Lebensstandards und dessen Ausgleich in den alten und neuen Ländern. Beide Seiten zeichnen sich durch eine außerordentliche Klagehaltung aus. Es fehlen weiterreichende politische Ziele und Visionen. Im Prozeß der Einigung dürfen wir die Perspektiven eines zukünftigen Gesellschaftsentwurfs und die Herausforderung einer inneren Demokratiereform nicht aus den Augen verlieren.

Zugleich müssen die Deutschen um der Stabilisierung Europas Willen in großem Maße Zukunftsaufgaben namentlich hinsichtlich der Sowjetunion übernehmen. Das öffentliche Selbstbewußtsein sollte dringend von der bloßen Bewältigung der Einigung hingelenkt werden zu den übergreifenden Aufgaben. Wie will man die kommende Generation gewinnen, wenn nur vom Erhalt des Lebensstandards gesprochen wird.

KAROL SAUERLAND: Als ich im Jahre 1987 auf einer Mitteleuropa-Konferenz sagte, der Preis der Souveränität Polens ist die Einheit Deutschlands, wurde ich von meinen polnischen Kollegen sehr stark angegriffen. Aber jede einzelne Entwicklung erhält zusätzlich eine übergreifende Bedeutung. Dies zeigt sich in den Politiken für die jeweiligen nationalen Minderheiten in verschiedenen Staaten. Das Wort von der „Einbindung ins westliche Bündnis“ erscheint mir ungenügend. Denn alle wollen dort eingebunden werden – die Polen, die Balten und andere.

Ich weiß nicht, ob diese Konferenz hier es sich vorstellen kann, was sich östlich von Deutschland tatsächlich abspielt. Es gibt haarsträubende Probleme und ebensolche Diskussionen. Die Ostpolitik der Bundesrepublik Deutschland müßte dementsprechend viel differenzierter geführt werden. Ich habe richtige Lust zu einer Aufklärungsreise durch Deutschland zu starten.

LEW KOPELEW: Wir sprechen über die Sowjetunion, als ob nichts geschehen wäre. Es gibt nicht mehr die Sowjetunion von vor fünf Jahren. Die Probleme dort sind um ein vielfaches größer als die Schwierigkeiten in Deutschland. Was heute zum Beispiel in Rußland geschieht, bleibt nicht nur für den schwer durchschaubar, der viele Jahre weg von der Heimat ist, sondern auch für jene, die in ihr leben. In Deutschland muß man sich vergegenwärtigen, daß sich ein Petersburger von einem Taschkenter viel mehr unterscheidet als ein Berliner von einem Leipziger. Es ist nicht nur die Sprache. Es gibt bittere Gegensätze, die sich jetzt explosiv entladen. Jeden Tag kann es in verschiedenen Regionen der alten Sowjetunion losgehen.

Ich muß die Parole Heinrich Bölls wiederholen: „Einmischung erwünscht!“ Kredite dürfen nicht an die Zentralregierung gehen. Diese demonstrativen „Verbrüderungen“ der Staatsoberhäupter ist das alte Denken der Diplomatie des 19. Jahrhunderts. Wir brauchen Einmischung und Hilfe für die Menschen. Noch ist das totale Chaos nicht ausgebrochen. Doch jeder regionale Konflikt ist gefährlich.

Meine lieben Kolleginnen und Kollegen, vergessen Sie nicht, daß es sich um ein Gebiet handelt, wo viele Tschernobyls stehen, wo man Kalaschnikows auf dem Trödelmarkt kaufen kann.

Eines der wichtigsten Probleme für viele Menschen ist der Hunger. Das Hoffen auf das tägliche Brot. Einmischung ist erwünscht.

HEINRICH AUGUST WINKLER: Die westlichen Länder der europäischen Gemeinschaft müssen sich den Nationalitätenproblemen verstärkt zuwenden. Die EG irrt jedoch, wenn sie – zum Beispiel im Falle Jugoslawien lange Zeit geschehen – versucht, einen Staat gegen den Willen derer zusammenzuhalten, die sich von den Serben unterdrückt fühlen. Die EG kann nicht sagen, ein Land ist zu klein, um ein eigener Nationalstaat zu sein. Aber die EG kann in ihren Beziehungen zu den sich formierenden neuen Staaten darauf bestehen, daß jeweilige Minderheitenrechte respektiert werden. Es kann eine Bedingung für eine Assoziation an die EG sein, daß es keine Unterdrückung von Nationalitäten gibt.

Hinsichtlich der Verantwortung Deutschlands gegenüber Osteuropa bin ich der Auffassung, daß die Deutschen und die EG sich übernehmen würden, wollten sie Stabilisator dortiger Staaten sein. Die Bundesrepublik sollte sich in ihrer Förderpolitik eher als Anwalt der neuen Demokratien verstehen.

Johann Eekhoff

Gute Standortbedingungen

Die deutsche Einigung vollzieht sich in vielfältigen Dimensionen. Sie besteht wahrlich nicht allein aus geldlichen Dingen. Doch als Staatssekretär im Bundeswirtschaftsministerium bin ich gehalten, mich besonders mit ökonomischen Bedingungen und den Chancen für Investitionen in die neuen Bundesländer zu befassen.

Unserem Ministerium wird zuweilen vorgehalten, wir zeichneten ein zu optimistisches Bild von der Lage in den östlichen. Regionen. Meiner Ansicht nach hängt die wirtschaftliche Zukunft der neuen Bundesländer maßgeblich davon ab, inwieweit es gelingt, Unternehmen zu Investitionen zu ermuntern und zu ermutigen. Es wäre völlig falsch, in Pessimismus zu verfallen und allen zu erklären, es klappe ja doch nicht. Für inländische und ausländische Investoren müssen die Chancen und Vorteile eines wirtschaftlichen Engagements dort erkennbar sein bzw. ersichtlich gemacht werden. Die neuen Länder brauchen sehr schnell viele neue Arbeitsplätze, damit die dort lebenden Menschen nicht die Hoffnung verlieren.

Ich denke, dafür sollten die verschiedenen Kräfte zusammenwirken. Mit den Mitteln des Bundes können wir dort ansetzen, wo sich etwas bewegt, wo Initiative vorhanden ist. Aber viele Menschen dort haben nicht gelernt, selbständig unternehmerisch zu handeln. Im Westen war man lange Zeit der Auffassung, sobald die Gängelungen beseitigt sind und die Ersatzteile geliefert werden, entstünde ein wirtschaftlicher Aufschwung. Das ist nicht der Fall. Nur wenige besitzen Kenntnisse in Marketing und Werbung. Viele Menschen erwarten jetzt von uns, daß wir sagen, wo es langgeht. Gleichsam als ob wir an die Stelle einer zentralen Leitung zu treten hätten. Ihnen wollen wir vermitteln, daß wir nicht befehlen können, wo jemand zu investieren oder einen Arbeitsplatz anzunehmen hat. Das neue marktwirtschaftliche System basiert eben auf ganz anderen Prinzipien.

Dabei könnten die neuen Bundesländer vor allem mit zwei besonderen ‚Pfunden wuchern' und ihre Standortattraktivität hervorheben. Im Vergleich zu den alten Bundesländern verfügen die östlichen Regionen über etwas, das in den westlichen Ballungsgebieten zu einem Engpaßfaktor gehört: Flächen für Unternehmensansiedlungen. Auch wenn die Infrastruktur, Verkehrswege, Telekommunikation noch nicht fertiggestellt wurden, bildet das Flächenangebot einen entscheidenden Angebotsvorteil.

Die zweite Chance liegt in der maßvollen Nutzung der Tarifautonomie. Hier wende ich mich gerade an die Gewerkschaften. Wir sollten unser Hauptaugenmerk auf die Schaffung neuer Arbeitsplätze richten und erst in zweiter Linie über Einkommenssteigerungen sprechen. Ein Unternehmen mit den vorhandenen Umstrukturierungsproblemen kann nicht sofort ein westliches Lohnniveau verkraften. Es bedarf eines Weges zwischen sozialer Absicherung für die arbeitenden Menschen und Handlungsspielraum der Unternehmen. Die Gewerkschaften sollten hierbei ein Signal setzen. Wir tun den Menschen keinen Gefallen, wenn für Investoren die Löhne gleich hoch und die übrigen Standortbedingungen negativ sind. Berücksichtigt werden muß in diesem Zusammenhang auch die Verschuldung der vorhandenen Betriebe. Zwar kann die Treuhand stützen, aber die Schulden dürfen nicht einfach auf den Bund abgeschoben werden.

Es geht um eine neue Solidarität. Wenn wir in den alten Bundesländern bei einem Wirtschaftswachstum von 4,5% Lohnabschlüsse von 7% erhalten, so ergeben sich für den östlichen Teil bei einem wirtschaftlichen Rückgang deutliche Nachteile. Ich will nicht Schuld verteilen oder Schuldzuweisungen vornehmen. Aber wir sollten uns fragen, was nun eigentlich Solidarität ausmacht.

Denken wir darüber nach, wie wir unsere Möglichkeiten zusammen besser nutzen und bündeln können. Wir schulden es denjenigen, die mit großer Kraft, einem hohen Einsatz und mit Zuversicht am wirtschaftlichen Aufbau arbeiten.

Johann Eekhoff

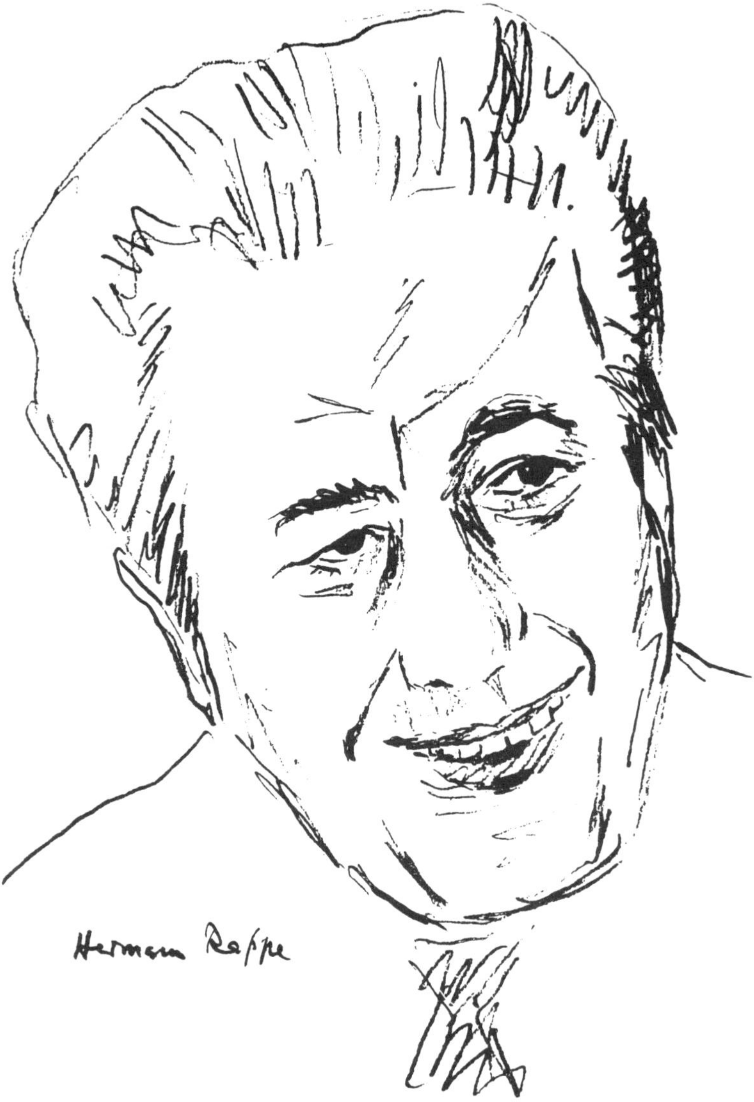
Hermann Rappe

Hermann Rappe

Licht im Tunnel

Zunächst einmal ist für jeden einzelnen selbst die Frage, wie er an die Sache herangeht. Ich muß für mich sagen, daß ich versuche, die vielen Einzelprobleme zu sehen, die auf den Tisch kommen, die man sieht bei Betriebsbesuchen oder die sich in unseren Büros abspielen, um zu versuchen zu helfen. Aber man darf sich von dieser großen Summe von Einzelschicksalen um Gottes Willen nicht davon abbringen lassen, was an notwendigen Maßnahmen insgesamt gemacht werden muß. Ich glaube, das Problem der nächsten Jahre zum Beispiel für einen Gewerkschaftssekretär oder für Betriebsräte wird sein, das Einzelproblem zu sehen, sich der Sache unmittelbar anzunehmen, aber dennoch die Gesamtlinie nicht aus dem Auge zu verlieren.

Mir ist klar, wie schwierig das Gesamtempfinden in den neuen Bundesländern ist, weil die Menschen vierzig Jahre lang in dem System, zwar auf unterem Niveau, aber wenn man so will, in relativer Sicherheit gelebt haben. Dies ließ sich dann nicht mehr halten, das System war am Ende. Die Menschen haben die Mauer durchbrochen und die Regierung ist weggelaufen, weil sie wußte, daß sie am Ende war.

Jetzt kommt das Problem, wie man wirtschaftlich und sozial diese Situation bewältigt. Ich will hier nicht die Politik auf richtiges oder falsches Vorgehen – sowohl seitens der Regierung als auch der Opposition – beurteilen. Ich will vielmehr auf den wesentlichen Punkt eingehen, den es zu bewältigen gilt, nämlich die Erholung der Wirtschaft und die Sicherheit für die Arbeit. Wenn hier keine Klarheit besteht, kann man auch über alle anderen Fragen des sozialen Bereiches kaum vernünftig reden.

Das Problem Wirtschaft ist schwierig genug. Ich sitze seit Anfang an in dem Verwaltungsrat der Treuhandanstalt. Ich kenne fast kein Unternehmen ohne Altschulden, ohne Altlasten, und ich kenne fast kein Unternehmen, das bei der Privatisierung nicht mit hohen Verlusten durch die Treuhand überhaupt nur verkauft werden kann. Dennoch muß der Weg der Sanierung und der Privatisierung gegangen werden. Ich vermute, wir sind in der Frage der Arbeitslosigkeit noch nicht auf dem Boden angekommen.

Mein Vorwurf an verschiedene Adressen in der alten Bundesrepublik war, daß die Problematik des Auffangens der Arbeitslosigkeit durch z.B. Beschäftigungs- oder Strukturgesellschaften nicht früh genug angegangen worden ist. Und es hätte früher sein können, wenn man im vorigen Sommer bei der Frage der Wiedervereinigung die soziale Dimension mitgesehen hätte. Ich war für die frühe Wiedervereinigung aus politischen Gründen. Aber es fehlte die soziale Dimension dabei, und sie mußte fehlen, das ist mir klar, weil bis zum Wahltermin über die Steuerfrage nicht ehrlich geredet wurde. Erst danach ging es um das notwendige Geld für notwendige Maßnahmen. Wir sind mit all dem Abfangen der sozialen Probleme im Grunde ein Jahr zu spät dran. Das ist nicht Schuld der Gewerkschaften, nicht Schuld der Menschen, es ist auch nicht Schuld der Betriebe. Schuld – um diesen Begriff zu verwenden – ist die politische Entwicklung bzw. Nicht-Entwicklung, die die gegenwärtige Situation nicht rechtzeitig, nicht umfassend genug in den Griff zu bekommen versuchte.

Mit der Einführung der DM am 2. Juli und der Verabschiedung von zwei Staatsverträgen wurde sehr genau festgelegt, daß bis 1994, in manchen Bereichen sogar schon eher, in Stufen und Schritten die Gesetze der Bundesrepublik auf die neuen Länder übertragen werden; dies geht bis zu Abgaben, Steuern und Beiträgen und aller anderen damit verbundenen Fragen. Das ist auch richtig. Aber das geht natürlich nur mit Transferleistungen, denn die Kraft und Produktivität der Betriebe und der öffentlichen Einrichtungen ist ja noch gar nicht da. Aber die Daten sind in den Staatsverträgen gesetzt worden. Und nun kommt das Problem der Tarifpolitik für die Gewerkschaften, indem in diesen von der Politik gesetzten Fakten der Staatsverträge natürlich auch die Einkommensentwicklung nachziehen muß, obwohl die Produktivitätslage in den Betrieben noch nicht soweit ist. Aber nicht die Tarifvertragsparteien haben die Fakten der Angleichung gesetzt, sondern die politische Wirklichkeit des Sommers 1990 und die beiden Staatsverträge. Das heißt also, es muß Licht im Tunnel sein.

Die Übertragung der Gesetze erfolgt in vorgegebenen Stufen, die Tarifeinkommen müssen also in vergleichbaren Stufen steigen. Wir reden ja immer über die Freiheit der Tarifvertragsparteien; hier gibt es die gar nicht, weil die Staatsverträge dies vorformen. Aber dies ist mit Transferleistungen, d.h. also mit Opfern verbunden. Und ich unterstreiche dick, was Herr Ullmann sagt, „wir sind ein Volk", das sage ich meinen Kollegen auch. Von Aachen bis Cottbus bin ich der Vorsitzende aller Gewerkschaftsmitglieder. Und hier können keine Überstunden gemacht werden, um drüben nur die Verkaufstische zu füllen. Es sind also eine ganze Reihe von Faktoren. Aber mir scheint auch, daß das Problem „Opferbereitschaft" und alle damit verbundenen Fragen sehr weit unterentwickelt sind und auch abgenommen haben von den ersten Tagen des 9. November an bis heute.

Aber ich sage noch einmal: So schlimm, so schwierig jedes Einzelschicksal ist, darf trotz allem die Gesamtentwicklung der Politik in notwendigen Schritten und Stufen – und dies auch mit einem Schuß Optimismus – nicht aus den Augen verloren werden. Sonst ginge es nämlich überhaupt nicht weiter.

Ich möchte den Punkt Investitionen aufnehmen und der Frage nachgehen, warum eigentlich investiert werden müßte. Die ehemalige DDR verfügt über die Bindung im COMECON dennoch bei allen Schwierigkeiten über ausgezeichnete Kontakte in den osteuropäischen Ländern, auch durch Personen, die in den Leitungen der Betriebe sind. Der Anteil der Russischsprachigen ist ja wesentlich höher als in der alten Bundesrepublik. Dadurch gibt es Chancen und Möglichkeiten. Wenn es gelingt – und davon gehen ja Investoren aus –, daß im gesamten osteuropäischen Bereich einschließlich der jetzt noch so vorhandenen UdSSR sich die Verhältnisse im Lauf der nächsten zehn Jahre verändern. Investitionen macht man ja immer langfristig. Investitionen sind jetzt wesentlich erleichtert, die Marktchancen wären da. Ich glaube, daß wir uns in wenigen Jahren die Augen reiben werden, welche prächtigen Geschäfte die Investoren in der ehemaligen DDR machen. Aber die Wette gehe ich nicht erst dann ein, wenn es in vier oder fünf Jahren soweit ist, ich gehe sie jetzt ein und sage, wenn wir uns in fünf Jahren wieder treffen, ist das so. Es gibt genehmigte Industriestandorte in den fünf neuen Ländern, sie müssen erhalten und ausgebaut werden. Hier bekommt ja fast kein Mensch mehr einen Industriestandort genehmigt in der alten Bundesrepublik mit all den Auflagen und Verfahren. Da liegt eine große Chance, und ich weiß durchaus, wovon ich rede. Zum Beispiel in der Branche Chemie bin ich ganz anderer Ansicht als gegenwärtig in der Wirtschaftspresse über diesen Punkt geschrieben wird. Ich glaube, daß es sehr wohl Standortvorteile gibt. Die Investitionsvorhaben, die gegenwärtig in der Treuhand auf dem Tisch liegen, und die Kaufabsichten, die auf dem Tisch liegen, sind meiner Ansicht nach bis Ende dieses Jahres mit ganz erheblichen, neuen Initiativen versehen.

Nun nochmal zu der Frage „Einkommenssituation". Ich will zum Ausgangspunkt zurückkommen. Ich war innerhalb des DGB und auch für mich allein als Vorsitzender meiner Gewerkschaft Anfang 1990 für die Wiedervereinigung, und zwar schnell aus außenpolitischen Gründen; übrigens auch aus osteuropäischen Gründen. Deshalb war ich für die Einführung der DM im vorigen Sommer. Nur war ich von Anfang an der Meinung, daß das auf uns zukommende große Arbeitslosigkeitsproblem nicht mit dem bisherigen Steueraufkommen lösbar sein würde. Dies mußte jedem klar sein, der die Betriebe drüben mit den personellen Überbesetzungen kannte. Ich war mir auch der Tatsache bewußt, daß bis zu 50 Prozent der Beschäftigten in den Branchen, die meine Gewerkschaft betreut, ihren Arbeitsplatz nicht behalten würden. Ich habe auch nie etwas anderes öffentlich gesagt. Es fehlte aber von Anfang an das soziale Auffangen in z.B. umweltorientierten Beschäftigungsgesellschaften, in Strukturgesellschaften und vielem anderen mehr. Die hohe Arbeitslosigkeit war also von vornherein bekannt. Sie ist nicht Ursache gewerkschaftlicher Tarifpolitik. Wenn jetzt Herr Murmann oder Herr Weiss oder Graf Lambsdorff die Schuld an der wirtschaftlichen Misere – und dies ist ja gegenwärtig ein Streitpunkt bei uns – den Gewerkschaften in die Schuhe schieben will, dann muß ich dies ganz entschieden zurückweisen. Deswegen bleibe ich bei diesem Punkt ganz eisern: Wir haben die

Staatsverträge nicht gemacht. In den Staatsverträgen steht fein drin, wie das alles kommt, von § 218 über Frauennachtarbeit bis zu Telefongebühren, Mieten oder Wohngeld, alles Schritt für Schritt, Angleichung bis 1994.

Nun bitte ich sie, was sollen denn Gewerkschaften machen? Sie können doch nicht die Entwicklung bei Steuern und Abgaben und allen anderen Fragen, die auf die Bürger zukommen, beantworten mit „Zurückhaltung in der Einkommensfrage". Wir haben doch nicht diktiert, daß das in vier Jahren sein muß oder in drei Jahren. Ich will hier offen lassen, ob dies in drei Jahren oder in acht Jahren hätte erfolgen können oder ob dann noch Hunderttausende von Menschen mehr in den westlichen Teil unseres Landes gekommen wären. Ich will nur keine Schuldzuweisung zu Lasten der Gewerkschaften für die jetzige Entwicklung zulassen.

Wenn wir uns schon auf einen Dreieinhalbjahresplan verständigen, muß das auch für Renten, Einkommen, Krankengeld, Arbeitslosengeld und Sozialhilfe gelten, sonst ist das sozial nicht zu verantworten. Darum geht es jetzt. Ich muß doch niemandem erklären, daß die Lohnfrage die Schlüsselfrage für alle Unterstützungen ist. Die Renten hängen doch an der Lohnformel. Das Arbeitslosengeld, das Krankengeld, die Sozialhilfe; alles hängt nach den Regeln der alten Bundesrepublik an der Einkommenslage und den Durchschnittsberechnungen; also auch drüben, weil wir es Stück für Stück richtigerweise übertragen, denn wir sind ein Volk.

Deswegen ist die Frage Steuereinnahme, Staatseinnahme, Verteilung und Solidaropfer so ein wichtiger Punkt, um den man nicht herumreden darf. Denn daß es nicht aus der eigenen Kraft der fünf neuen Länder finanziert werden kann, was in die Staatsverträge geschrieben wurde, das weiß ich auch. Das ist doch für jeden betriebswirtschaftlich klar. Deshalb geht es nicht anders, als dies nun mit Transferleistungen zu machen. Es wäre besser, nun der Bevölkerung schnellstens reinen Wein einzuschenken, daß wir diese Angleichung in drei Jahren verwirklichen wollen. Dabei muß man auch die sich daraus ergebenden finanziellen Konsequenzen, d.h. also die Belastungen für den einzelnen, offenlegen.

Das normale Wachstum in der alten Bundesrepublik hätte bei 2 1/2, vielleicht auch 3 Prozent gelegen. Daß es im vorigen Jahr und in diesem Jahr bei 4 Prozent liegt, liegt an dem zusätzlichen Handel in der ehemaligen DDR. Dies muß bitteschön zurückgegeben werden an die Bevölkerung drüben. Ob dieser Gedanke meine Kollegen oder andere Kreise nun begeistert oder nicht, das ist egal. Ich hielte dies für berechtigt, denn dies ist zusätzliches Wachstum durch die Wiedervereinigung. Und das muß dorthin zurückfließen, wo es erzeugt wurde.

Wolfgang Ullmann

Wir sind wirklich ein Volk

Sie alle kennen das berühmte Wort Jean-Paul Sartres über den Sozialismus, der aus der Kälte kam. Vieles, was heute in den neuen Bundesländern geschieht, ist noch geprägt von dieser Kälte oder sieht sich mit einer neuen Kälte konfrontiert. Wer den Menschen der Ex-DDR begegnet, sollte ihnen nicht mit Vorwürfen und Forderungen kommen. Wichtiger ist ein wechselseitiger Umgang miteinander, der ausdrückt, daß wir wirklich ein Volk sind. Wer den Arbeitslosen vorhält, sie dürften nicht so dünnhäutig sein und sollten besser die Ärmel hochkrempeln, hat noch zuwenig von den Veränderungen verstanden. Ich teile die Auffassung von Hermann Rappe, wonach wir über den großen Politikzusammenhang auf keinen Fall vergessen dürfen, daß es um den einzelnen Menschen, um Einzelschicksale geht.

Wir alle bekennen uns im politischen Alltag fast schon rituell zur Marktwirtschaft. Mich wundert es, wenn von seiten des Bundeswirtschaftsministeriums gegenüber den Unternehmen fast moralisch argumentiert wird, um sie zu Investitionen in das Gebiet der Ex-DDR zu motivieren. Ich bin kein Ökonom und – zum Glück für die Wirtschaft – kein Unternehmer. Was aber soll einen dem Markt verpflichteten Arbeitgeber bewegen, in Brandenburg oder Sachsen zu investieren. Moral wird ihm nicht ausreichen. Warum sollte er durch neue Betriebe sich selbst Konkurrenz machen, wenn er durch eine Produktionssteigerung seiner Anlagen im Westen den Bedarf leichter abdecken kann? Ein Gutachten des Kieler Institutes für Weltwirtschaft belegt zum Beispiel, daß Polen im Standortvergleich zur Ex-DDR erheblich besser abschneidet. Es muß

Schluß sein mit dem Materialismus eines Marxismus-Leninismus. Den hatten wir schon seit Jahrzehnten satt. Es muß aber auch Schluß sein mit einer Haltung, die die deutsche Einigung immer nur auf die Geldfrage reduziert. Zwar sagt die Regierung, das Geld sei da, doch wir wissen, daß Investoren nicht handeln, wenn die Politik nicht weiß, was sie will. Daß sie dies nicht weiß, habe ich in den interfraktionellen Arbeitsgruppenverhandlungen des Bundestages mehr als deutlich erfahren.

Völlig unverständlich bleibt mir in diesem Zusammenhang die immer wiederkehrende Aussage, die Politik sei von den Folgen der Währungsumstellung überrascht worden. Ich kenne mich eher in der Geschichte griechischer Kirchenväter aus, aber soweit kann ich auch rechnen. Wenn eine Währung von einem Tag auf den anderen um das Drei- oder Fünffache aufgewertet und dies nicht mit einem Entschuldungskonzept begleitet wird, kommt es offensichtlich zu einer Kette von Pleiten. Zudem war es kein Geheimnis der Regierung Modrow, daß mit der Währungsumstellung der Osthandel zusammenbricht. Das haben wir mit Herrn Calfa in Prag und mit Herrn Ryschkow in Moskau während des Frühjahrs 1990 schon erörtert. Die Risiken waren voraussehbar und keineswegs voller Geheimnisse. Hier liegt eine wichtige Verantwortung für geteilte Lebensbedingungen in einem geeinten Land.

Gerade hinsichtlich dieser Verantwortung sollten wir gemeinsam darum kämpfen, daß die Menschen in der Ex-DDR aus sozialer Not heraus sich nicht in eine gefährliche Illusion hineinbegeben. Ich kenne Einzelfälle, wo Leute sich mit dem Gedanken befassen, es sei früher doch leichter und vielleicht auch.geordneter und übersichtlicher gewesen. Sie reagieren aus Existenzangst heraus. Es handelt sich dabei nicht um PDS-Anhänger. Vierzig Jahre lang habe ich gegen die SED-Ideologie gekämpft. Ich weiß, daß diese Illusionen falsch und gefährlich sind. Doch wir sollten sie nicht ignorieren. Wenn sich der Satz „Es ist heute schlimmer als früher“ ausbreitet, käme das einer Katastrophe für die Demokratie gleich.

Bei der Währungsumstellung wurden schwere Kunstfehler gemacht. Die ganze soziale Dimension kam viel zu kurz. Auch Herr Rohwedder hatte die Irrtümer und das Treuhandgesetz offen kritisiert. Die Menschen in der Ex-DDR treffen die Bankrotte und die Arbeitslosigkeit mit voller Wucht und weitgehend unvorbereitet. Gleichzeitig führten die „Irrtümer“

Wolfgang Ullmann

zu riesigen privaten Profiten. Illegale Profite nenne ich sie. Ich werde nicht ruhen, bis diese ungerechtfertigten Profite wieder den Menschen zugute kommen, denen sie zukommen. Dabei lasse ich den Verweis auf die Untaten der alten SED und der SED/PDS nicht als alleinigen Begründungszusammenhang gelten. Man kann eigene Fehler nicht mit dem Hinweis auf noch größere Fehler anderer bagatellisieren.

Ich stimme mit Herrn Rappe überein, wir brauchen veränderte Konzepte. Das Vorhandene reicht bei weitem nicht aus. Gerade von den Bürgerbewegungen und dem Bündnis 90 war frühzeitig ein Alternativentwurf vorgelegt worden.

Abschließend möchte ich noch auf etwas hinweisen, was durch den Begriff „Wiedervereinigung" mehr verdeckt als offengelegt ist. Beide Teile Deutschlands sind von den rasanten Veränderungen in gewissem Sinne überrollt und geistig unvorbereitet getroffen worden. Daraus ergeben sich erhebliche Sprach- und Kommunikationsschwierigkeiten. Wenn wir über deutsche Identität nachdenken, gilt es zu berücksichtigen, daß etwas vereinigt wurde, das größtenteils noch nie vereinigt war. Die junge Generation hat ganz andere Erfahrungen als wir Älteren, die sich an eine Zeit ohne Mauer erinnern können. In West und Ost gab es immense Illusionen über den jeweils anderen Teil.

Ich denke, man muß Willy Brandts richtigen Gedanken, daß nun zusammenwächst, was zusammen gehört, vorsichtig dahingehend modifizieren, daß zusammenwächst, was zusammengehören soll.

Jürgen Linde

Es dauert eine Generation

Die Formulierung „Geteilte Lebensbedingungen in einem geeinten Land" beschreibt ganz gut die gegenwärtige Situation. Die Landesregierung von Brandenburg ist bemüht, sich einer schwierigen aber nicht ausweglosen Lage zu stellen.

Am Anfang kurz nach der deutschen Vereinigung gab es unter den Menschen in den neuen Bundesländern große, vielleicht manchmal auch überzogene Hoffnungen, daß es jetzt ganz schnell allen besser ginge und jede und jeder am Wohlstand teilhaben könne. Doch die Menschen mußten erst neue Erfahrungen sammeln mit der veränderten Rechtsordnung, mit der veränderten Wirtschaftsweise, mit den Neuerungen am Arbeitsplatz, bei den Wohnungen und mit dem Geld. Was bisher stabil und sicher schien, geriet ins Wanken. Hier mußte die Landesregierung Maßnahmen ergreifen, damit die Menschen Zeit gewinnen, um sich den neuen Verhältnissen anpassen zu können. Es galt, die alten Strukturen restlos zu beseitigen, Neues aufzubauen. Wer heute mit den Bewohnern Brandenburgs spricht, wird sich dem Eindruck nicht verschließen können, daß die Stimmung besser ist als die soziale Lage. Die Menschen glauben daran, daß es aufwärts geht.

Dabei haben wir mit unendlich vielen Dingen zu kämpfen. Das Geld für den Aufbau in den neuen Bundesländern mußten wir uns bitter erstreiten. Noch heute erhalten wir erst fünfzig Prozent des durchschnittlichen Gemeindeeinkommens. Im Moment reicht dies, da wir Schritt für Schritt in den Bau von Wohnungen, Straßen, Kanalisation und ähnliches investieren. Doch dafür bedarf es nicht nur Geld. Wir brauchen Menschen, die sich engagieren. Bislang wurde in riesigen Kombinaten und

Jürgen Linde

großen Betrieben gearbeitet. Heute sind einzelne Unternehmen und viele mittelständische Betriebe gefragt. In Brandenburg eröffnen monatlich rund fünftausend kleine mittelständische Betriebe. Am Anfang werden sie noch Schwierigkeiten erfahren, sich am Markt zurecht zu finden. Doch sie sind weitgehend optimistisch.

Ein umfangreiches Problem ergab sich für unsere Wirtschaft aus dem Zusammenbruch der Ostmärkte. Die ehemalige DDR-Wirtschaft hatte am Osthandel einen immensen Anteil. Niemand hatte ausreichend bedacht, daß mit der Währungsumstellung auf die DM dieser Ost-Handel zusammenbrechen und verloren gehen könnte. Der Grund liegt nicht in der Qualität der Waren, sondern an dem verlorenen DM-Rubel-Verhältnis. Deshalb suchen wir nach Möglichkeiten, ein Tauschsystem einzuführen, das für die sowjetische Seite Erleichterung bringt. Die UdSSR hat mit einer sechsfachen Preissteigerungsrate zu kämpfen.

Die Situation in Brandenburg, in den neuen Bundesländern überhaupt, wird weniger durch konjunkturelle Schwächen als vielmehr durch Strukturprobleme und eine breite Kaufkraftschwäche geprägt. Die Bürgerinnen und Bürger im Osten Deutschlands erhalten weniger Lohn und müssen dabei zugleich dieselben oder teurere Preise für die Waren bezahlen. Mangelnde Konkurrenz und knappe Warenangebote lassen die Preise in die Höhe schnellen.

Um einen grundlegenden Wandel einzuleiten, sind Investitionen in hohem Ausmaß unumgänglich. Doch dagegen erheben sich mehrere Hindernisse. Zwar gelangen schon acht Großinvestitionen in das Land Brandenburg. Dies reicht nicht. Es fehlt an einer funktionierenden und ausgebauten Infrastruktur. Die Bewegung von Menschen und Waren gelingt nicht in dem gewünschten Umfang. Daneben stehen Probleme durch ungelöste Eigentumsverhältnisse. Die Sanierung von Altbauwohnungen und die Bebauung von Grundstücken verzögert sich erheblich. Das dritte Hindernis liegt im Mangel an Weiterbildung und Umschulung. Die Menschen, die bisher in Großbetrieben tätig waren, benötigen Zeit, um sich auf neue Produktionstechniken und andere Berufe umstellen zu können.

Meiner Erfahrung nach sind die Menschen in Brandenburg zu dieser Neugestaltung ihrer Zukunft bereit. Sicher ergeben sich Brüche, wenn sie alte Traditionen und andauernde Sozialisationsmuster an neue Lebensverhältnisse anpassen müssen. Doch mit Ausnahme einiger PDS-Vertreter kenne ich niemand, der in die alten Zeiten der DDR zurück will.

Zwischen den Beratern aus dem Westen und den politisch aktiven Brandenburgern hat sich eine gute Zusammenarbeit entwickelt. Hier wächst etwas durch Arbeit zusammen. Es gibt viele aus den alten Bundesländern, die bereit sind, beim Aufbau im Osten zu helfen. Dazu zählt auch die Etablierung eines sozialen Netzes, um Armut und Not in den Bundesländern im Rahmen der Umgestaltung zu vermeiden. Die Westler geben ihre Unterstützung bei der Einführung unserer Mitarbeiter in die Sozialgesetzgebung und in das Rechtsgefüge. Ab und zu vollzieht sich unsere Verwaltungspraxis noch etwas holprig, denn die Mitarbeiter lernen die Gesetze mit der anfallenden Arbeit. Geduld ist gefragt.

Ich glaube, in zwei bis drei Jahren ist das Schlimmste überstanden. Danach läßt sich ein planmäßiger Aufbau in Angriff nehmen. Bis die Lebensverhältnisse in Ost und West einigermaßen angeglichen sind, wird es aber eine ganze Generation dauern. Das ist meine feste Überzeugung. Wir arbeiten mit viel Mut und mit Zuversicht. Es wäre gut, wenn das Bundeswirtschaftsministerium uns mit Konzepten im Bereich der Investitionen stützte. Bei Straßenbau und der Ausweitung des Schienennetzes ist eine gezielte Förderung vonnöten. Das zuständige Ressort darf sich nicht auf die Rolle eines Konjunkturministeriums zurückziehen. Unternehmen brauchen Hilfen. Fachkräfte könnten mit Lohnanreizen gewonnen werden.

Unser bester Verbündeter ist derzeit die Improvisation, mit der wir Probleme meistern. Wir haben die Chance, auf den ganzen bürokratischen Ballast westlicher Bürokratie zu verzichten.

Die Bürgerinnen und Bürger in Brandenburg zeigen zudem neues Selbstbewußtsein nach dem Motto: wir werden den Wessis schon zeigen, daß wir es schaffen.

Michele Saint-Marc

Le Mark de l'Allemagne

Le mark, deuxième monnaie de réserve du monde, influence non seulement l'économie de l'Allemagne, mais celle des pays voisins, et particulièrement celle de ses partenaires du Système Monétaire Européen.

Ce n'est pas vis à vis du mark que les règles du SME imposent aux monnaies européennes une stabilité de leur change, c'est vis à vis de leur taux-pivot en écu. De facto, cependant, c'est le mark qui pèse le plus lourd dans l'écu et qui sert de monnaie de référence.

En effet, dans l'écu ce sont les taux centraux bilatéraux qui doivent respecter la marge maximale de fluctuation de plus ou moins 2,25 %. Les différentes monnaies sont donc liées entre elles en d'étroites limites.

Mais, la valeur de l'écu tend à suivre celle du mark puisque la valeur de l'écu est égale à la somme des contrevaleurs des *quantités* fixes de monnaies qui composent le panier. Le mark est la monnaie qui y pèse le plus lourd (30 % contre 19,3 % pour le franc): 62 pfennige allemands entrent dans 1 écu. L'appréciation du mark tend donc à favoriser l'appréciation de l'écu et à augmenter la part effective du mark dans l'écu car les 62 pfennige valent de plus en plus cher en terme de couronnes ou de punt, alors que celle de la lire ou de la livre sterling tend à diminuer. Aussi, pour éviter que l'écart ne se creuse entre le poids théorique (en quantité) et le poids effectif (en valeur), il y a des révisions prévues tous les cinq ans de la composition interne des quantités de monnaies qui composent l'écu, et ces révisions se font toujours en faveur du mark.

Ce sont les pays qui ont avec l'Allemagne des relations commerciales intenses qui ont intérêt à donner la priorité à la stabilité de leur change avec le mark.

Ainsi, la Suisse vend deux fois plus à l'Allemagne qu'aux Etats Unis (deuxième partenaire commercial) et lui achète six fois plus. C'est pourquoi elle veille à avoir une monnaie non seulement stable en mark mais qui s'apprécie depuis vingt ans (elle a pris 20 %). L'Autriche qui vend à l'Allemagne trois fois plus qu'à l'Italie (deuxième partenaire commercial) et lui achète cinq fois plus a un shilling qui entretient une parité quasi fixe avec le mark. Plus récemment, les partenaires du SME tels que les Pays-Bas qui vendent et achètent deux fois plus à l'Allemagne qu'à leur voisin belgo-luxembourgeois entretiennent depuis 1983 une parité quasi-fixe avec le mark. A son tour le Danemark qui vend et achète deux fois plus en Allemagne qu'en Grande Bretagne ou en Suède a accroché sa couronne depuis 1986 au mark. Enfin, la France, depuis 1986, a réussi à faire parti de ce club des monnaies fortes. *La place de la France est exceptionnelle vis à vis de l'économie allemande puisqu'elle est, de loin, non seulement le premier client et le premier fournisseur de l'Allemagne, mais aussi, réciproquement, elle l'a comme premier fournisseur et client.* Si la France n'est pourtant arrivée qu'assez récemment à ce stade de la stabilisation de son taux de change avec le mark, c'est parce qu'en 1982 des mesures économiques très volontaristes ont perturbé ses grands équilibres économiques et, deuxièmement et plus structurellement, parce que l'ampleur de son marché intérieur est sans aucune mesure avec ceux des autres économies dont les monnaies ont auparavant rallié le mark. L'influence de la monnaie allemande y était donc beaucoup plus réduite et il était moins avantageux de procéder à cette stabilisation.

Le problème qui se pose est en effet que cette stabilisation n'est pas obligatoirement avantageuse. Elle a un coût pour l'économie française, comme elle en a dans les autres pays, mais ce coût est particulièrement élevé en France car d'autres objectifs vitaux y sont en jeu (réduction du chômage et amélioration des excédents extérieurs notamment); or ces objectifs entrent en conflit avec celui de la stabilisation du change.

Pour cerner le problème, il faut d'abord préciser les raisons de la force du mark afin de savoir si elles vont s'affaiblir ou se renforcer à la suite de la réunification allemande (I); il faut ensuite mettre en lumière si pour les partenaires européens les avantages l'emportent sur les inconvénients (II); on pourra alors connaître l'ampleur des contradictions et montrer le rôle exceptionnellement opportun que peut jouer la construction monétaire européenne.

I Les causes de la domination du mark

Après dix ans de SME et après une année de réunification allemande, le mark continue de dominer les autres monnaies européennes. Par là on entend que le mark et la politique monétaire de la Bundesbank servent de référence aux autres monnaies et aux autres banques européennes.

Il importe de connaître les cause de cette domination pour en prévoir la durée et la future intensité.

Les déterminants du taux de change nominal d'une monnaie sont au nombre de quatre. Les deux premiers font partie des "fondamentaux" de l'économie concernée, ce sont le taux d'inflation et l'équilibre des comptes extérieurs; le troisième est exogène: c'est le taux de change avec la monnaie dominante; le dernier est conjoncturel et peut être influencé par les responsables monétaires, c'est le taux d'intérêt nominal à court terme.

1. Le taux d'inflation allemand: un avantage durable

Le taux de change d'une monnaie dépend du taux d'inflation national car les détenteurs de devises évitent de posséder des actifs qui perdent leur valeur, au contraire ils recherchent les actifs qui sont en voie d'appréciation. La demande d'une monnaie qui est prévue comme devant s'apprécier est donc forte et pousse d'ailleurs à sa hausse sur le marché des changes.

Mis à part le Japon qui parfois fait mieux que l'Allemagne depuis le second choc pétrolier, et à l'exception de l'année 1989 en ce qui concerne l'Autriche, l'Allemagne fait constamment mieux que tous les autres pays en ce qui concerne l'inflation. Cette excellence qui a imposé aux travailleurs allemands une certaine rigueur est, comme on le sait, l'objet d'un large consensus social pour des raisons historiques qui remontent à l'entre-deux-guerres.

Depuis la réunification, la hausse des prix à la consommation en RFA pendant les dix premiers mois de 1990 a diminué de 0.1 point par rapport à celle de la période correspondante de 1989. Ce résultat a infirmé les craintes de poussée inflationniste qui aurait pu résulter de la réunification pour le nombreuses raisons: augmentation massive de la consommation, hausse des salaires résultant du boom économique, achats massifs par les allemands de l'Est à la suite de la conversion à la parité de un pour un de l'ost-mark en DM.

En effet, cinq facteurs ont jusqu'ici permis de maîtriser l'inflation:

– l'accroissement des importations qui ont répondu à l'accroissement de la demande alors que l'appareil productif ouest-allemand est saturé;
– l'appréciation du taux de change du mark, notamment face au dollar, ce qui a réduit le coût des importations (pétrole);
– la hausse de la productivité, notamment dans l'industrie (+ 3,2 % annuel du premier semestre 1989 au premier semestre 1990), ce qui a limité la charge pour les entreprises de la hausse des salaires (coût unitaire de main d'œuvre = + 5.8 % pour la même période);
– le niveau élevé d'épargne en Allemagne de l'Est, qui a entraîné le placement des liquidités en sicav monétaires et en obligations;
– l'accroissement de la main d'œuvre qualifiée grâce à l'immigration, ce qui a réduit les tensions sur les salaires.

2. Les excédents extérieurs: une situation toujours favorable bien que temporairement affaiblie

Les excédents commerciaux renchérissent la monnaie pour plusieurs raisons. La première est que les pays étrangers ont besoin davantage de monnaie pour payer ces excédents d'exportations. Ensuite, parce que c'est le signe visible d'une forte compétitivité des produits grâce à laquelle l'économie peut conquérir des parts de marché mondial. Enfin, parce qu' une monnaie qui s'apprécie entretient sa propre hausse en abaissant le coût des importations et en augmentant les gains à l'exportations.

Or, l'Allemagne accumule depuis 1950, mise à part la période du second choc pétrolier, des excédents sur les transactions courantes. Depuis 1985, ils sont devenus considérables. Ils atteignaient 4,5 % de son PIB en 1989.

Depuis la réunification, cette suprématie a diminué mais elle demeure. En effet, la demande de biens et services a fortement progressé à cause du boom économique, et à cause des achats massifs des Allemands de l'Est à la suite de la conversion de leur monnaie en mark et de l'afflux d'Allemands d'Europe Centrale. L'appareil productif tournant à plein, il a fallu importer pour satisfaire la demande. Au total, sur les onze premiers mois de 1990, l'excédent commercial est en baisse de 18 % par rapport à celui de la même période de 1989, tout en se maintenant à un niveau élevé.

Parallèlement, les pays fournisseurs, donc la France plus que les autres, bénéficient de ces achats allemands. Le débouché allemand a augmenté de 9 % et le déficit de la France vis à vis de l'Allemagne a fortement baissé passant de 5,1 mds de francs en novembre 1989 à 1,7 mds en novembre 1990.

3. Le rôle du dollar

Les arbitrages entre les monnaies européennes, le dollar et le mark donnent au taux de change du mark/dollar une grande importance car ils provoquent une répercussion automatique de sa variation sur le change des autres monnaies avec le mark, sauf si une influence inverse vient la contrebalancer.

Avant 1979, le mark n'était pas une monnaie de réserve mondiale. Les variations entre le mark et le dollar importaient surtout pour des raisons de commerce extérieur allemand: l'enchérissement du dollar risque en effet de peser sur les prix des importations (inflation importée).

Aujourd'hui, le mark est devenu la deuxième monnaie de réserve mondiale. Cette monnaie étant conservée en grande quantité dans les encaisses publiques et privées, les variations des anticipations sur sa valeur pourraient entrainer un déferlement d'achats ou de ventes qui en faisant varier de façon incontrôlable son offre de sa demande rendrait son taux de change lui-même difficile à contrôler.

Depuis la réunification, la Bundesbank est donc obligée de faire preuve d'une vigilance accrue pour éviter que des anticipations négatives ne se créent sur le mark. Ceci implique que vis à vis du dollar, les variations du mark soient clairement reconnues comme étant causées davantage par la volatilité de la conjoncture des Etats Unis, que par la situation économique de l'Allemagne.

4. Le taux d'intérêt nominal à court terme: une hausse préventive et excessive

Il constitue la rémunération offerte aux capitaux qui s'investissent à court terme. Quand celle-ci s'élève, il y a un afflux de capitaux étrangers attirés par cette hausse. Il y a alors sur le marché des changes une augmentation de la demande de monnaie nationale face à une augmentation de l'offre de devises, ce qui engendre une élévation du taux de change.

Le maniement du taux d'intérêt est le moyen préféré des banques centrales pour défendre la valeur de la monnaie car il est discret, rapide et compatible avec la lutte contre l'inflation.

Depuis la réunification, les taux d'intérêt allemands se sont fortement élevés car la Bundesbank a poursuivi le relèvement de ses taux d'intérêt directeurs. Elle a ainsi relevé le taux d'escompte et le taux Lombard d'un demi-point en juin 1989, puis d'un point en octobre 1989. Le taux Lombard a ensuite été porté le 1. novembre 1990 de 8 à 8,5 %, puis à 9 % le 31 janvier 1991, tandis qu'à la même date le taux d'escompte passait de 6 à 6,5 %. Cette action a eu le double effet de soutenir le cours du mark et de lutter contre les anticipations inflationnistes.

***

A l'issue de l'analyse des différents déterminants du taux de change du mark, il résulte que cette monnaie est sur tous les plans en situation de force par rapport aux autres monnaies européennes.

En effet, l'économie allemande a le plus faible taux d'inflation, les plus forts excédents extérieurs, il joue lui-même un rôle déterminant sur le dollar, et enfin les taux d'intérêt y sont modérés, ce qui laisse aux autoritées monétaires une marge de manœuvre.

II Avantages ou inconvenients pour les partenaires européens?

La force du mark contre toutes les monnaies pose des problèmes à ses partenaires, soit qu'ils envisagent d'accroître leur commerce avec l'Allemagne et dans ce cas un mark cher rend leurs importations plus coûteuses, soit qu'ils soient membres du SME et donc obligés de suivre le mark.

A. De inconvénients surestimes

Les inconvénients découlent des mécanismes économiques. En effet, les autres monnaies européennes ont les même quatre déterminants que le mark: trois ne sont pas contrôlables par les pays, ce sont le taux d'inflation comparé à celui de ses partenaires, le solde extérieur comparé et la valeur du dollar, le quatrième et dernier est le seul qui soit maîtrisé par la politique monétaire nationale, le taux d'intérêt à court terme nominal comparé. Il en résulte que lorsque les autorités monétaires veulent contrôler leur taux de change, elles manipulent le taux d'intérêt comparé pour compenser l'évolution des trois autres déterminants.

Mais s'agissant du taux d'intérêt *comparé* (on l'appelle aussi "différentiel d'intérêt"), toute variation du taux allemand engendre une variation de même sens et de même ampleur du taux partenaire si l'on veut obtenir un différentiel stable.

Ce mécanisme engendre deux séries d'effets.

1. Sur la politique monétaire des pays partenaires car les autorités recherchent un différentiel d'intérêt positif, nul ou négatif selon que leur handicap national au niveau des fondamentaux (inflation, compte extérieur) est pire, égal ou meilleur que ceux de l'Allemagne.

2. Sur la croissance, car toute hausse des taux d'intérêt pèse négativement sur les investissements. Or, ce qui est bon pour l'Allemagne qui tourne à la limite de ses capacités productives ne l'est pas automatiquement pour ses partenaires européens, et notamment pour la France qui est en phase de ralentissement de croissance et d'augmentation de son chômage.

Y aurait-il un dilemme entre la stabilité du change – et le chômage?

Il s'agit d'un faux dilemme. D'abord parce que le taux d'intérêt allemand n'a pas de raison de continuer de monter: l'inflation est inférieure à celle prévue et à celle de ses partenaires, les excédents extérieurs sont toujours importants, reste le dollar dont l'ascension atteint aujourd'hui un palier qui correspond à son taux d'équilibre. D'autre part, les partenaires, et surtout la France, dont les fondamentaux s'améliorent, notamment le solde commercial grâce à la réunification, peuvent désolidariser leur taux d'intérêt du taux allemand. Enfin, il faut savoir que les décisions d'investir sont moins sensible aux taux d'intérêt qu'aux perspectives de profits et aux capacités d'autofinancement.

Les inconvénients de la domination du mark sont donc largement surestimés et de plus ils sont en voie de diminution grâce à la réunification qui améliore le solde commercial des partenaires européens.

B. Des avantages croissants

Si l'on se réfère aux fonctions traditionnelles que remplit une monnaie, on constate que la stabilité des monnaies européennes vis à vis du mark, en attendant la fixité quand sera réalisée l'Europe monétaire, apporte beaucoup à l'ensemble des monnaies européennes qui sont librement convertibles.

Considérons la première fonction de la monnaie, celle d'étalon de valeur. Un mark dont le pouvoir d'achat est stable et qui entraine dans cette stabilité des prix les autres monnaies fortes du SME par la nécessité où elles sont de sauvegarder la stabilité de leur taux de change, engendre une zone monétaire exceptionelle. Incluant la deuxième monnaie de réserve du monde, cet espace monétaire est la base saine d'un système monétaire régional viable. Rappelons que le système de Bretton Woods s'est eddondré surtout parce que le dollar n'étant plus un étalon crédible, ses détenteurs lui préférèrent l'or ou d'autres devises.

De plus, les pays qui déclarent vouloir désormais assurer la stabilité de leur change avec le mark bénéficient de la bonne réputation de la Bundesbank, ce qui diminue d'autant le risque de change de leur monnaie. Leur taux d'intérêt peut ainsi être légèrement abaissé. D'autre part, les échanges commerciaux entre partenaires européens voient leur risque de change s'annuler, ce qui diminue les coûts de transaction et facilite les échanges.

Quant à la fonction de moyen de paiement, le mark est une monnaie qui jouit d'une forte liquidité car l'Allemagne est le premier exportateur du monde. Il est donc facile de trouver des marks si cela est nécessaire pour effectuer des transactions sur des actifs réels ou financiers. Cela ne serait pas le cas d'autres monnaies fortes comme le franc suisse ou le florin qui ont des marchés nationaux trop étroits.

Enfin, la fonction de réserve de valeur ne peut qu'être aisée avec une monnaie abondante et de valeur stable.

Ces avantages sont structurels et difficiles à quantifier. C'est une des raisons qui les rend difficiles à apprécier et qui explique pourquoi ils ne font pas l'unanimité.

Conclusion

Le mark et la construction monétaire européenne

La place du mark dans le projet européen est diversement ressentie.

Alors que la domination commerciale est admise, la domination monétaire l'est moins. On lui préfèrerait un partenariat monétaire.

En effet, les excédents commerciaux allemands s'accumulent sans que l'Etat intervienne. Ils sont le fruit du dynamisme des entreprises. Par contre, avec la domination du mark, on pénètre dans la sphère des pouvoirs régaliens. On l'a bien vu au moment de la réunification: c'est le gouvernement qui a imposé à la banque centrale la parité de un pour un entre les deux monnaies allemandes. L'interventionnisme monétaire de Bonn, et ce serait pire s'il était localisé à Berlin, suscite des réactions de craintes car l'exercice de ce pouvoir régalien est parfois perçu comme un expansionnisme économique, qui pourrait devenir politique. En conséquence, l'indépendance de la Bundesbank vis à vis de l'Exécutif est considérée comme un gage d'amarrage de l'Allemagne aux démocraties occidentales.

Le partenariat entre monnaies fortes, dont le mark et le franc, serait préfèré.

En effet, la France redécouvre ce qu'elle avait oublié depuis soixante ans, à savoir qu'une monnaie stable est un objet de prestige à l'extérieur et un garde-fou à l'intérieur. N'est-ce pas la recherche du prestige de retrouver la stabilité du change qui a obligé le gouvernement français à abandonner son experience de romantisme économique de mai 1981 et à adopter un plan de rigueur qui ne se dément pas?

Aujourd'hui, le qualificatif de "monnaie forte" est revendiqué comme un succès du gouvernement français actuel et le consensus national qui existe sur cette question sert au ministre des finances pour maintenir les règles de discipline et de rigueur salariale.

Pour que demain l'Europe monétaire existe dans ce qui sera le grand marché de 1993 (le marché le plus important du monde) il importe que l'Allemagne s'efforce de rassurer ses partenaires européens. Qu'elle réaffirme son attachement à la construction monétaire, économique et politique de l'Europe et qu'elle *prouve* sa volonté en prenant des initiatives de partenariat et non de domination. Ce pourrait être le rétrécissement des marges de fluctuation, la fixation d'une date butoir de création d'une monnaie unique dans le futur traité actuellement en discussion, la proposition d'un noyau dur explicite et non exclusif des autres pays européens.

Les pays d'Europe de l'Est seront d'autant plus à l'aise dans leurs relations avec l'Allemagne que cette dernière sera démocratiquement ancrée à l'Ouest. Il y a donc un équilibre à trouver entre ces deux tropismes, l'Ouest et l'Est, pour le plus grand bien de la paix dans le monde.

Redaktionelle Kurzfassung

Michèle Saint-Marc plädiert nachdrücklich für eine Beschleunigung der Integration Europas und für eine Währungsunion. Die D-Mark als zweite Reservewährung der Welt beeinflußt die Wirtschaft und die Währungen im Europäischen Währungssystem EWS. Die D-Mark hat den stärksten Einfluß im EWS und wirkt sich auf den Wert des Ecu erheblich aus. Die Dominanz der D-Mark zeigt sich in den Wechselkursen. Ihre Ursachen rühren aus den Veränderungen der Faktoren Inflationsrate, Außenhandelsüberschuß, Rolle des Dollars und Nominalzinssatz. Seit der deutschen Vereinigung kam es zu einem Anstieg der Leitzinsen. Die Stärke der D-Mark erbringt Nachteile für die europäischen Partner. Importe verteuern sich. Zinslasten können gerade bei den deutschen Nachbarn zu mehr Arbeitslosigkeit führen.

Die Referentin unterstreicht zugleich, daß die Nachteile überschätzt werden. Wichtiger sei es, die unübersehbaren Vorteile einer starken und stabilen D-Mark zu erkennen. Sie liegen in der möglichen Preisstabilität. Die deutsche Währung besitzt den strukturellen Vorteil einer Reservewährung. Sie ist liquide und weitverbreitet.

Um Mißverständnisse und Irritationen zu vermeiden, sollten die Deutschen eine Währungspartnerschaft zwischen D-Mark und Franc eingehen. Deutschland sollte sich bemühen, nicht den Eindruck mangelnder Achtung anderer Landeswährungen zu erzeugen. Sinnvoll wäre die Festsetzung einer Frist, bis wann eine einheitliche europäische Währung geschaffen werden kann.

Indem sich die Deutschen offener zum gemeinsamen europäischen Bauwerk bekennen und indem sie sich als Teil eines demokratischen Gesamteuropa verstehen, nehmen sie den osteuropäischen Partnern die Angst vor einem vermeintlichen „Vierten Reich“.

Aus der Diskussion

Die D-Mark im Kreuzverhör

HANS MATTHÖFER: Zwei Aspekte des Beitrages von Frau Saint-Marc möchte ich aufgreifen und dazu Stellung nehmen. Soll die politische Einigung Europas Vorrang vor der Bildung einer gemeinsamen Währung erhalten oder umgekehrt? Mir scheint, unsere Kollegin aus Paris plädiert dafür, daß die politische Einheit gegenüber einer gemeinsamen Währung als nachrangig zu betrachten sei. Soweit will ich nicht gehen. Es muß ja nicht eine politische Einheit im umfassenden Sinne sein. Ein unabdingbares Minimum liegt jedoch in einer starken Konvergenz – wenn nicht gar Einheitlichkeit – der Wirtschafts- und Finanzpolitiken der EG-Mitgliedsländer. Ohne diese Voraussetzung wird eine gemeinsame Währung nicht gelingen. Ein gemeinsames Währungssystem fördert den wechselseitigen wirtschaftlichen Austausch und trägt damit zur Stabilität in Europa bei.

In einem zweiten Aspekt will ich auf das Thema Geldmengenerweiterung eingehen. Mit der Einführung der D-Mark auf dem Gebiet der früheren DDR kam es zu einer Ausweitung der Geldmenge. Kritisch gegenüber der Bundesregierung muß ich festhalten, daß die Ausweitung stärker war, als es dem Zuwachs am Produktionspotential entsprach. Das war eine politische Festsetzung ohne jeden wirtschaftlichen Sachverstand. Der beschlossene Umtauschkurs zwischen DDR-Mark und D-Mark von 1:1 bzw. 2:1 war eine ökonomisch falsche Entscheidung. Die D-Mark war drei- oder viermal so viel wert. Diese Entscheidung erbrachte deutliche Auswirkungen nicht nur für Deutschland, sondern für ganz Europa.

Es war eine Entscheidung für eine Schocktherapie, die einen riesigen Finanztranfer nach sich zog. Die Bundesregierung hat in die neuen Länder sieben Mal soviel Geldmittel in einem Jahr gegeben wie West-Deutschland in den neun Jahren von 1949 bis 1957 aus dem Marshall-Plan erhalten hatte. Es stellt sich die Frage: Reicht dies aus? Meiner Mei-

Hans Bender

nung nach wäre es ein Irrtum zu glauben, der Markt regle die Verteilung des Sozialproduktes allein oder schaffe Vollbeschäftigung oder stoppe die Umweltzerstörung. Wir brauchen dringend für die neuen Bundesländer eine Politik, die den Mitteleinsatz gezielt steuert. Wir brauchen eine bewußte regionale und sektorale Industriepolitik. Die fehlende Strukturpolitik ist der große politische Mangel beim Prozeß der deutschen Vereinigung.

HANS BESTERS: Im Verlauf des europäischen Einigungsbestrebens wurde die Frage der monetären Integration lange Zeit ausgespart. Währungspolitik galt den EG-Teilnehmerstaaten als Ausdruck ihrer jeweiligen Souveränität. Daraus resultieren zum Teil die heutigen Schwierigkeiten. Erst im Jahre 1969 wurde diese Frage aufgegriffen. Die EG-Politiker verpflichteten sich damals, innerhalb von zehn Jahren eine Währungsunion zu verwirklichen. Dem war kein Erfolg beschieden. Stattdessen trat 1979 das europäische Währungssystem EWS in Kraft.

Heute suchen wir noch immer nach Lösungen für die geldwirtschaftliche Integration. Meines Erachtens muß eine tragfähige wirtschaftliche Integration der politischen Union vorausgehen.

Beim Thema Währungsunion sollten wir zwei Begriffe unterscheiden, die in die Debatte vermischt sind: Die Wechselkursunion und die Einheitswährung. Bei einer Wechselkursunion blieben die nationalen Währungen bestehen und müßten nicht aufgegeben werden. Sie blieben durch feste Kurse miteinander verbunden. Die Einheitswährung hingegen läßt alle nationalen Währungen untergehen. Ob eine solche gemeinsame Währung in absehbarer Zeit erreicht werden kann, bleibt offen. Zunächst gingen fast alle Vorschläge von der Basis einer Wechselkursunion aus, wie es der sogenannte ‚Delors-Plan' vorsah.

Frau Saint-Marc sprach von einer dominanten Rolle der DM im Kurssystem. Tatsächlich hat die D-Mark seit Beginn des EWS eine Aufwertung erfahren. Statt 2,50 DM früher zahlen wir heute nur noch rund 2,00 DM für den Ecu. Dies verändert die Wechselkurse untereinander. Die D-Mark ist härter geworden. Das ist keine irgendwie praktizierte Dominanz, keine mit politischen Maßnahmen gepuschte deutsche Währung. Die härtere D-Mark rührt nicht aus einer politischen Strategie. Sie basiert vielmehr

Foden

auf einer besseren Geldwertstabilität und der Unabhängigkeit der Bundesbank. Deshalb muß nach meiner Auffassung eine angestrebte europäische Zentralbank ein größtmögliches Maß an Unabhängigkeit besitzen, um die Währungsstabilität zu sichern.

Abschließend möchte ich noch den Gedanken einer Europa-Währungsunion der zwei Geschwindigkeiten einbringen. Schon heute könnte man der Wirtschaftsunion einen erheblichen Schritt näherkommen, wenn die Benelux-Staaten, Frankreich und Deutschland als Vorreiter einen Schritt in Richtung Währungsunion unternähmen. Die ökonomischen Rahmendaten dieser Länder sind ähnlich und würden ein solches Vorgehen erlauben.

DAVID FODEN: In der in London erscheinenden Zeitung ‚Financial Times' wird angemerkt, daß es bereits eine europäische Zentralbank gebe. Ihr Name: Bundesbank. Das ist die Realität und es kennzeichnet das Klima, in dem sich Gewerkschaften bewegen. Wenn der Zinssatz für die D-Mark steigt bzw. angehoben wird, folgen unmittelbar danach die Zinssätze der anderen Länder. Wenn sich darin Souveränität und Unabhängigkeit ausdrücken, lohnt es sich nicht, sie zu verteidigen.

Für die Gewerkschaften in vielen EG-Staaten ist es deshalb attraktiv, auf die Modelle einer Wirtschafts- und Währungsunion einzugehen. Für die Gewerkschaften verbindet sich damit die Hoffnung auf größere soziale Einflußmöglichkeiten als in einer Situation, in der die D-Mark dominant erscheint. Die Gewerkschaften auf dem europäischen Festland haben sich seit längerem für die Integration ausgesprochen.

Auch wir in England sehen die wirtschaftlichen Argumente. Die Integration fördert Investitionen, Handelsaustausch, Wachstum und Beschäftigung. Ich denke, es ist nur noch eine Frage der Zeit, wann wir eine gemeinsame europäische Währung erreichen. Aus unserer britischen Sicht ist es jedoch sehr wichtig, die Qualität der Union anzumahnen. Wir wollen kein System, dessen zentraler Gegenstand nur die Währungsstabilität ist. Wachstum und Beschäftigung sollten Kriterien werden. Deshalb votieren wir nicht für die Unabhängigkeit der Eurobank. Sicher sollte sie autonom sein. Jedoch müssen Parlament und Minsterrat Möglichkeiten der Kontrolle und der Einflußnahme besitzen. Eine Eurobank als europäische

Institution hat dazu beizutragen, die Politik der europäischen Gemeinschaft zu verwirklichen. Ein Binnenmarkt braucht eine Währungsunion und ein größeres Budget des öffentlichen Sektors. Der Binnenmarkt braucht die soziale Integration.

RAINER VEIT: Die Laudation von Madame Saint-Marc auf unsere D-Mark war fast etwas zu viel des Guten. Wenn wir ganz ehrlich sind, sind doch einige Schatten auf unsere Währung gefallen in den letzten Monaten. Wir sollten nichts unter den Teppich kehren, es gab einige negative Erscheinungen.

Wir brauchen sehr viel Geld für die Anschubfinanzierung in Ostdeutschland. Das hat die Zinsen hochgetrieben. Wir verbrauchen mehr von dem, was wir produzieren im eigenen Land und exportieren weniger. Ostdeutschland braucht für die Deckung des Nachholbedarfs in hohem Maße Importe. Das hat die deutsche Leistungsbilanz zum ersten Mal seit zehn Jahren in rote Zahlen gebracht. Wir sind skeptisch, ob sich das so schnell ändert, denn beides wird andauern: Die hohe Importneigung im Osten Deutschland und die Tatsache, daß Waren in hohem Maße von Westen nach Osten fließen.

Ein weiterer Punkt, der hier zu erwähnen ist, bleibt die Tatsache, daß wir auch um höhere Steuern nicht herumkommen. Zum 1. Juli 1991 werden sie erhöht. Das kostet Kaufkraft, treibt die Preise hoch, zwingt die Bundesbank, die Zinsen höher zu halten. Hinzu kommt politische Verantwortung. Seit einem Jahr lasten gewisse Schatten auf unserer Währung. Anders kann man es nicht erklären, daß der US-Dollar sich wieder so gefestigt hat wie das im März 91 geschehen ist. Denn die Diskussion in der Bundesregierung über Nachbesserungen für Ostdeutschland, die Tatsache, daß die Regierungspolitik sich in wichtigen Fragen betreffend den Kurs in Ostdeutschland unklar ist, das hat im Ausland gewisse Irritationen hervorgerufen.

Das Paradoxe daran ist, daß das die europäische Stabilität im europäischen Währungsraum eher erleichtert hat. Die D-Mark ist nicht mehr der ‚shooting star', der die anderen mitzieht. Sie ist eine der Währungen im Hartwährungsblock.

Hans Matthöfer

Ich kann nur betonen, was Herr Matthöfer an anderer Stelle gesagt hat, daß Gesamteuropa unter Einbeziehung der Länder Osteuropas für uns genau diesselbe Priorität haben muß wie die Lösung der Probleme in Deutschland selbst.

JIRI AMORT: Wenn in Westeuropa über Transformation gesprochen wird, ist in der Regel der wirtschaftliche Strukturwandel gemeint. Wenn ich es mit unserer Lage in Prag vergleiche, dann muß ich hinzusetzen, daß wir neben dem Strukturwandel auch einen Systemwandel bewältigen müssen. Wenn hier in Westeuropa über Fragen der Währungen, Wechselkurse und Preisniveau diskutiert wird, kann ein funktionierendes System vorausgesetzt werden. Wir in Prag haben das nicht. Wir müssen Struktur und System, Währung und Preis gleichzeitig im Auge haben. Verschärfend kommt hinzu, daß die Menschen resigniert und passiv sind.

Wenn wir von Partnerschaft zwischen Deutschen und Tschechen sprechen, verweise ich darauf, daß Deutschland zwanzig Prozent unseres Außenhandels ausmacht. Mein Land bedeutet für die Bundesrepublik jedoch nur ein halbes Prozent. So sind die Proportionen. Wir hoffen, diese asymmetrische Situation bald zu überwinden. Deutschland ist für uns ein Stabilitätsfaktor, ein Partner in der Zusammenarbeit auf dem Weg nach Europa. Diese Zusammenarbeit wollen wir ausdehnen auf Joint-Ventures, auf die Wanderung von Arbeitskräften und den Schutz der Umwelt.

Wir hoffen, die Gelegenheit zu bekommen, als Partner aktiv zu handeln.

EMILIAN ABADSHIEV: Ich komme aus Bulgarien und gehöre zur Konföderation unabhängiger Gewerkschaften. Vor dem Hintergrund der Entwicklungen in meinem Land und anderen Regionen Osteuropas will ich deutlich unterstreichen, daß es eine wirkliche Stabilität in Europa nur geben wird, wenn auch der soziale Aspekt bei der europäischen Integration einen hohen Stellenwert erhält. Zugleich wissen wir, daß Sozialpolitik ohne tragfähige Wirtschaftspolitik nicht durchzuhalten ist.

Hinsichtlich der Rolle Deutschlands in Europa möchte ich auf eine Umfrage verweisen, die wir aus Anlaß der deutschen Vereinigung bei uns organisierten. Mehr als 43 Prozent der Befragten erwarten vom geeinten

Deutschland eine positive Wirkung bei der Lösung der Probleme Mittel- und Osteuropas. Ungefähr ein Viertel der Befragten befürchten, daß sich die Deutschen nur um ihre eigenen Interessen kümmern werden. Viele Menschen in Bulgarien hoffen auf eine Stärkung der Demokratie in Europa durch das geeinte Deutschland.

MICHELE SAINT-MARC: Herr Veit antwortete mir mit dem Hinweis, daß meine Einschätzung der D-Mark zu optimistisch sei. Natürlich sind mir die Probleme der Deutschen Währung bewußt, insbesondere hinsichtlich inflationistischer Tendenzen und der geringer werdenden Außenhandelsüberschüsse. Für die D-Mark sind dies nur vorübergehende Gefährdungen. Aus der Sicht der gesamten europäischen Gemeinschaft liegt in den Problemen der D-Mark auch ein Vorteil: Sie ist jetzt eine Währung wie jede andere und hat nicht mehr die ihr zugewiesene Vorrangstellung. Unsere westdeutschen Freunde können jetzt frei werden von bestimmten Komplexen. Die Mark hat Probleme – das ist für uns ein positives Faktum. Die D-Mark ist etwas Banales geworden. Für die Westeuropäer ist diese relative Gleichheit eine Chance, die wir zum Aufbau des monetären, wirtschaftlichen und politischen Europa nutzen müssen. Deutschland mit seiner herrlichen Wirtschaft ist sehr abhängig – auch abhängig von Frankreich. Souveränität ist so gesehen ein theoretischer Faktor. Frankreich ist der erste Kunde Deutschlands. Wir wollen uns der Währungsunion anschließen.

Ob Frankreich spontan bereit ist, weitere Souveränitätsrechte aufzugeben und sich noch stärker für eine stärkere Integration Europas einzusetzen, hängt meines Erachtens von einer anderen Frage ab: Ist Deutschland bereit, sich von seiner D-Mark zu trennen und sie durch den Ecu ersetzen zu lassen? In welchem Maße ist die deutsche Bevölkerung zu diesem Schritt bereit? Ich verstehe mich als Sprecherin für die europäischen Vorkämpfer. Für Frankreich ist der Ecu schon eine Währung. Wir berufen uns in diesem Punkt auf Karl den Großen. In Deutschland muß diese Mentalität zur Bereitschaft noch entwickelt werden, denn die Währungsunion ist unvermeidlich.

Betrachten wir abschließend noch die Rolle der Bundesbank. Es gibt den Aspekt ihrer Vorherrschaft. Die Franzosen wären sicher zufrieden, würde man eine Zentralbank einrichten, die ihren Sitz auf französischem Boden hätte. Darin läge eine gewisse Gegenleistung.

Insgesamt aber sollten wir uns in Europa auf einen Zeitplan einigen, der die einzelnen Schritte der Integration auflistet.

Rainer Kirsch

Identitäten

Europa ist im Gefolge des Zweiten Weltkrieges ein merkwürdiges Schicksal widerfahren. Es ist geteilt worden, und zwar aus rein außenpolitischen Gründen. Die Teilung folgte aus der damaligen Machtkonstellation der Konfrontation zweier Großmächte, Amerika und Sowjetunion. Jede dieser Großmächte hatte sich ein Glacis, einen Schutzkordon zu schaffen. So entstand die Teilung Europas. Sie brachte einen besonderen Effekt mit sich. Jede dieser europäischen Hälften gewann plötzlich eine Identität. Sie definierte sich am Gegner.

Der Westen war stolz, nicht zu sein wie der Osten. Der Osten nicht so wie der Westen. Beide hatten sich aneinander zu bewähren, was im Inneren der beiden Machtblöcke einen gewissen Homogenitätsdruck auslöste. Es gab einen Zwang, wenn man sich zankte, irgendwann aufzuhören und zusammenzustehen. Mit der Zeit scheint mir, – mit etwas Übertreibung und der notwendigen statistischen Gelassenheit, die man bei solchen Behauptungen aufbringen muß, – daß man sich zum Westen in Europa und zum Osten zugehörig fühlte, ob gern oder ungern, das war die untergeordnete Frage.

Man hatte also in der Mitte den eisernen Vorhang, aber ich darf darauf hinweisen, daß dieser eiserne Vorhang so eisern wie er uns heute erscheint – zumal im Anfang – überhaupt nicht war. Man hatte einen Wettbewerb, ob man ihn erklärte oder nicht. Dieser Wettbewerb brachte für mich und für viele meiner Generationskollegen – und ich darf sagen auch für die Bevölkerung der DDR – eine merkwürdige Folge: Man war auf die Leistungen des anderen fremden Teils neugierig und nahm sie zur Kenntnis.

Als ich studierte, – ich dachte noch nicht daran, Schriftsteller zu werden, – war es ganz selbstverständlich, daß man die rororo-Bücher bekam, einander auslieh. Man las Kafka und sprach darüber. Ich studierte Philosophie. Heute sagt man, das war der finsterste Hort des Stalinismus. Unter den Studenten, das gehörte zum Ehrenkodex, las man Sartre, Hemmingway und alles was gut und teuer war. Das gilt mit gewissen Abstrichen auch für weite Kreise der Bevölkerung. Man kann das wahrscheinlich nicht an der Anzahl der in die DDR gekommenen Bücher ablesen, obwohl das auch beträchtliche Mengen gewesen sein müssen, aber es wurde jedes Buch vielleicht 15 oder 20 Mal gelesen. Umgekehrt nahmen wir in der DDR zur Kenntnis, was aus dem Osten kam. Jeden Autor, der dem Verbotsdruck entzogen wurde, Jessenin gehörte dazu ebenso Mandelstam, Babel, Ehrenburg und viele andere. Sie wurden mit höchstem Interesse zur Kenntnis genommen.

Ich glaube, daß unter den Schriftstellern der östlichen Länder, einschließlich der Sowjetunion, eine Neugier herrschte, was den Kollegen im anderen Nachbarland – zum eigenen Block gehörig – nun wieder einmal durchzusetzen gelungen war. Umgekehrt nahmen Leute im Westen literarische, künstlerische, musikalische Leistungen aus dem Osten zur Kenntnis, so daß viele Ostautoren im Westen ein größeres Publikum hatten. Dies war einer der Nebeneffekte dieser merkwürdigen Teilung.

Der Haupteffekt, denke ich, ist das Zusammenstehenmüssen auf die eine oder andere Weise. Nun haben wir die Einheit Europas und müssen versuchen, damit zurechtzukommen. Aber die identitätsstiftenden Definitionen, die jeweils der andere Teil geliefert hatte, sind weg. Die Folge ist ein Verlust der homogenitätsstiftenden Kräfte in den Blöcken. Das Zanken in den östlichen Ländern beginnt.

In den neuen Bundesländern liest man derzeit weder die neuen sowjetischen Bücher noch irgendwelche. Ich glaube sogar russische Autoren mag man kaum, die des eigenen Landes sowieso nicht, weil diese Vergangenheit weg will. Im Westen beginnt das Interesse an den künstlerischen Hervorbringungen des anderen Teiles zu erlahmen. Was an diffundierender Gemeinsamkeit da ist oder sich aufbaut, ist auf sehr niedrigem Niveau und beschränkt sich, um es überdeutlich zu sagen, auf Fernsehserien und Coca Cola.

Auszug aus dem Beitrag; redaktionelle Fassung

Joshua Sobol

Heimat

Das Wort ‚Heimat' bedeutet für jeden von uns etwas anderes. Im Hebräischen gibt es ein ähnliches Wort, das übersetzt heißt: Der Ort, an dem man geboren ist'. Doch für viele meiner Landsleute ist der Ort, an dem sie geboren wurden, schon seit langem nicht mehr ihre Heimat. Heimat ist der Ort, den sie verlassen mußten. Das Problem, das wir mit unserer Heimat haben, beginnt mit dem Gründer unserer Nation, unseres Volkes Israel – Abraham. Ihm sagte Gott, er solle die Idole seines Vaters, die Kultur seines Vaters zerstören, um danach aufzustehen von dem Ort seiner Geburt an einen Ort, der ihm gezeigt würde. Dies bedeutet, daß Heimat etwas ist, das man für sich gewinnen muß.

Es ist etwas nicht in Ordnung, wenn man zunächst die Kultur seines Vaters zerstören und dann von vorne anfangen muß. Im Deutschen könnte man sagen, Heimat ist der Ort, an dem man sich am unheimlichsten fühlt. Das verstehen viele Deutsche und viele Israelis.

Ich frage mich: Was ist also Heimat? Viele meiner Landsleute haben darüber geschrieben. Ein Dichter drückte es so aus: Heimat ist der Ort, an dem man es sich gestatten kann zu scheitern, ohne daß man fürchten muß, schrecklich bestraft zu werden. Israel kann es sich als Land nicht leisten zu scheitern. Das wäre unser letztes Scheitern. Wir müßten das Land verlassen und von vorne anfangen. In den Worten eines anderen Poeten lesen wir über Heimat: „Glücklich sind jene Lippen, die dieses Land Heimat nennen können, ohne daß sie fühlen, daß sie auf eine Schlange treten." Einen Ort seine Heimat zu nennen, ohne auf eine Schlange zu treten, ist ein Problem. Was also ist Heimat?

Ich kann nicht sagen, das ist meine Kultur. Meine Kultur ist noch sehr neu. Wenn ich jedoch an die Kultur meiner Großeltern denke, dann war dies jiddische Kultur in einem jiddischen Land, das keine Grenzen

Joshua Sobol

kannte. Der Ausdruck ‚jiddisches Land' galt für Galizien, für Polen, für Rußland und Rumänien. Das jiddische Land, die Heimat meiner Großeltern besteht nicht mehr. Es ist nicht mehr da. Ich kann deshalb nicht sagen, daß meine Kultur meine Heimat ist. Schließlich muß ich eine Definition finden, die besagt, daß meine Heimat wahrscheinlich meine Geschichte ist. Nur darin habe ich etwas gemeinsam mit meinen Eltern und deren Eltern.

Betrachte ich nun das Gemeinsame, die Geschichte, so fühle ich mich in meiner Geschichte nicht zuhause. Ich fühle mich bedroht und gefährdet. Meine Geschichte ist eine Geschichte der Kalamitäten. Wer mit einer Geschichte der Kalamitäten zu leben hat, fühlt sich nicht ruhig. Was mache ich mit meiner Heimat, mit meiner Geschichte?

Ich fühle auf einmal, daß ich mit den Palästinensern etwas gemeinsam habe: die Kalamität der Geschichte. Die beiden Völker sind nun verurteilt, in einer unmöglichen Heimat, in einem palästinensischen Israel zusammen zu leben. Ich möchte nicht fragen, wer größere Kalamitäten erlebt hat. Sie sind auf beiden Seiten vorhanden. Die einzige Möglichkeit, die es gibt, diese Geschichte zur Heimat zu machen, besteht darin, sie mit anderen zu teilen, zu koexistieren.

Ich hoffe, daß dies möglich ist. Junge Autoren, Dramatiker, Künstler in Israel versuchen, die Grenzen des unmöglichen Heimatlandes Geschichte zu überwinden und die Erfahrung mit anderen zu teilen. Auch mit den Deutschen. Das ist nicht einfach und nicht sehr dankbar. Ich erfahre es an mir, denn jedesmal, wenn eines meiner Schauspiele in Deutschland gezeigt wird, klagen mich meine Landsleute an. Ich antworte, es sei meine einzige Hoffnung für die Zukunft, jüdische Erfahrung mit Europäern, Polen, Deutschen, Russen, Franzosen zu teilen und ihnen einen Teil der Kalamitäten vorzuführen.

Darin sehe ich die einzige Möglichkeit für mich. Ich glaube, die Heimat der Zukunft heißt Koexistenz. Es gibt keinen anderen Name. Es ist entweder Koexistenz oder Nichtexistenz, nicht nur für Juden und Palästinenser, sondern auch für Deutsche, Polen, Russen, Tschechen, Slowaken, Moldawier und andere. Es gibt nur eine Heimat: die Heimat der Koexistenz.

Teilen der Vergangenheit, Teilen der Erfahrungen der Vergangenheit – hieraus erwächst eine gemeinsame Heimat unserer Kultur. Auf eine Welt, die sehr abgeschlossen und selbstzentriert ist und die die Gefahr birgt, daß niemand mehr auf ihr leben kann, antworte ich mit einer kosmopolitischen Lösung.

Reymondo Lopez Perez

Reymundo Tigre Perez

Feier der Versöhnung

Ich bin Reymundo Tigre Perez. Ich komme aus Amerika und bin Vertreter des internationalen indianischen Ältestenrates Kanto de la Tierra. Ich bitte, als Angehöriger einer indianischen Kultur Nordamerikas zu ihnen sprechen zu können.

Im nächsten Jahr wird die 500-Jahrfeier zu Ehren von Kolumbus stattfinden. Die indianischen Völker können dieser Veranstaltung nicht zustimmen. Wir sind nicht gegen eine Feier, nein, wir haben auch das Gefühl, daß es an der Zeit ist, eine Feier abzuhalten, aber die Ziele müssen geändert werden. Wir haben nicht den Eindruck, daß eine Feier auf den Grundsteinen des Völkermordes und des Mordes der Indianischen Völker abgehalten werden sollen, die in den letzten 500 Jahren ausgebeutet und ausgerottet wurden.

Es gibt viele Dinge anzusprechen, deshalb schlagen wir vor, daß statt eines zweiten Kolumbus und der drei Schiffe, die nach Amerika reisen sollten, die Indianer nach Europa kommen sollten. Das haben wir bereits erreicht und es wird eine indianische Delegation von Ältesten im nächsten Jahr nach Europa reisen. Zweck dieser Reise ist die Initiierung eines Prozesses der Versöhnung zwischen den amerikanischen Urvölkern und den Völkern Europas. Wir müssen erkennen, daß wir uns in einer ganz besonderen Zeit in der Geschichte befinden. Wir befinden uns am Kreuzweg der Geschichte. Wir sind entweder Teil der Lösung oder Teil des Problems. Es gibt keinen Mittelweg, für niemanden.

Wir müssen die Wunden heilen, die so viele Jahrhunderte lang offen geklafft haben. Wir müssen die Seelen unserer Toten zur Ruhe betten und wir können dies durch einen Prozeß der Versöhnung tun. Wir glauben, daß wir einen neuen Prozeß einleiten können, für die ganze Menschheit. Wir müssen den Dialog beginnen.

Fernando Ribeiro Mendes

The Principle of Difference

In recent years the democratic apporach to conflict of interests among nations, social groups and individuals has been spreading and gained momentum.

The temptation towards violent suppression of such conflicts has lost ground and the fact that conflict of interests is inherent to human ways and to human condition is no longer such a matter of dispute or discomfort.

In industrial relations, Trade Unions, Business and Governments do face one another as more or less consenting partners in modern society. Class struggle ideologies lost most of its appeal and the agreement on constituional rules and institutional arrangements to organise social cooperation has become a common issue and a goal for all partners.

Nevertheless, our ideas and concepts to deal with conflict of interests seem to tread a step behind the contemporary pracitces of social and economic bargaining. Perhaps it is so because conflict of interests is one of the most innovative social processes.

One must permanently inquire into the changing sources of conflict if a full democratic approach is to replace former ideas and concepts such as those inherited from last century class struggles. On the other hand, individuals as agents operating in complex networks (family, labour community, neighbourhood, nation, etc.) must be the focal point of social thought, instead of "class" or any other kind of social group to which metaphysical qualities have too often been attributed.

The sources of conflict

The 19th century featured three major sources of conflict of interests in society:

- the ownership of the means of production
- town *versus* countryside
- colonialism.

It is well known that it was in Germany that a contractual approach to conflict of interests was first tried on a worldwide scale, under Bismarck.

The first social insurance schemes were established as an innovating response to labour conflict. The domestic politics of alliance between "steel and rye" managed contradictions between industrialism and rural interests. International diplomacy achieved the Berlin Conference that divided Africa among colonial powers. All those were the tools of a contractual approach in a pre-democratic world.

The bismarckian approach to conflict eventually colapsed somewhere around the turn of the century. Based on social privilege and authoritarianism, it could not appease the desire for justice and welfare among workers, nor the imperial ambitions of European powers. Two world wars brought new arrangements to manage conflict of interests, based on ideological allegiance, nuclear terror and cold war, instead of secret diplomacy and authoritarianism.

Meanwhile, a new source of conflict was fed by the end of colonial empires: rich countries set up an international economic order based on the growing gap between them and the backward peripheries, where local élites benefited from impoverished populations and natural resources were put to use on behalf of foreign interests. Class struggle ideologies became adapted to fit in this contradiction; the opposition between nations was entirely misrepresented through the features of antagonistic competing ideologies.

It came as a privilege for our generation to live through the collapse of such an arrangement and to have the opportunity for designing new forms to manage conflict of interests, combining both the contractual approach and the renewed democratic values of our age.

This is a formidable challenge, because new sources of conflict are taking over the former ones and some of these gain new features.

Modern conflict of interests

Sources of conflict in our societies have become more diversified and our institutions still lack sound approaches to deal with them.

The *political redefinition of eastern Europe* is one of these sources. The end of a seeming homogeneous political space brings new contradictions and changes the older ones. Nationalism is a renewed force in the East and the development of market eceonomy is feeding social resentment that might lead to nationalist ambitions getting out of control, democracy being too incipient to contain it.

Another source is the *technological revolution* that put information and its economics at the heart of our economic systems. Displacing the issue of the ownership of the means of production, it brings about new forms of social, economic and political power that have proved hard to be kept under democratic control. Moreover it gives new features to the opposition between developed countries and underdeveloped areas. But, perhaps its most important consequence has been the globalisation of economies, turning former local issues into planetary contradictions.

The new forms of work and production evolved from industrial automation, advanced services and telecommunication networks, in spite of its major benefits, can pose serious threats to industrial democracy or give way to unacceptable forms of social dumping.

Our complex societies have seen *new groups of interests* born out of the aging of its population, the sex revolution of the sixties and the urban phenomena of social exclusion. ("Hooliganism" is but a violent if superficial out-burst of such complex dynamics.)

The renewal of *migrations towards the more developped areas* will no doubt increase ethnic conflict and urban unrest.

The *environment* issues are now posed at a planetary scale and have gained new features that are the source of obvious conflict between developped areas and backward ones, as well as a national level.

The *end of world bi-polarisation* put a stop to the suppression of regional disputes by ideology and international politics.

These seem to be major sources of conflict and its dynamics will certainly affect the years to come. How should we approach them?

I believe that a democratic and contractual approach of conflict of interests can be advanced on the basis of the simple ideas and concepts that the American philosopher John Rawls put forward when he wrote twenty years ago his theory of "justice as fairness".

Social Contract and fairness

Contracts are drawn as the result of agreement between self-determined parties. A social contract should be based on the rational choice of individuals regarding each other as equal partners and the equality of individual rights and freedoms is the obvious priority for a contractual approach to conflict.

Individuals are not all alike. Justice "as fairness" calls for equal treatment of cases alike but also for differential treatment of different cases. How should this "difference" be dealt with? Rawls proposed through an ingenious reasoning a "*principle of difference*" that could be chosen, under which inequalities in status will not be allowed in society unless they maximise the prospectives of the least favoured members of society.

Individuals belonging to less favoured groups and nations are entitled to benefit from such a principle if it governs the working of social institutions. Some examples can be provided by recent events.

Portugal joined the EC in 1986. An agreement was then reached with the Community that granted several possibilities of special treatment for the Portuguese economy within the Community. This was considered to be necessary so that our backward economy has a chance to grow.

It seems pretty obvious that some form of a principle of difference was implicitly recognised as a fair treatment of a member state . . .

Portugal is presently facing a vital choice concerning the Portuguese currency: should it join the EMS or not? If it does our exports will be deprived of the shield from competition constantly held in recent years, the devaluation of national currency. On the other hand, such a devaluation has become a true addition for the Portuguese industry; consequently, the pattern of productive specialisation still relies heavilly on low wages and less on the gains of productivity and the excellence of product and technology.

If a principle of difference is agreed, should the Community tolerate the exclusion of Portugal from the EMS? It is doubtful because it would hardly be to the effective advantage of this less favoured partner of the Community!

The point to be made is that a principle of difference is fair *if and only if* it works for the advantage of the least favoured party in the contract and such is the contention of John Rawls.

At EC level, it is instructive to speculate on the wide consequences of such a principle in such matters as the economic and social cohesion and the removal of barriers to the flows of capital and labour . . .

Such a contractual democratic approach seems to me a most promising line of reasoning for the discussion of the role of the Trade Unions in conflict of interests.

Trade Unions and conflict

The role of Trade Unions has become pervasive in the global management of conflict of interests, both at national and European levels.

The classic definition of trade unions as "a continuous association of wage earners for the purpose of maintaining or improving the conditions of their working lifes" (S. and B. Webb) seems now too narrow.

Trade Unions still have to fight against the imperfections of the labour market. Collective bargaining remains as central area for their activity. But new issues have arisen out of the very sources of conflict mentioned earlier. Three of these issues should be emphasized.

– *The transnational operation of companies and the difference in levels of well being and income of workers*

When a German company runs an industrial plant in Portugal, conflict of interests should be expected to arise between Portuguese and German workers. Trade Unions should be able to cope with social dumping and a new meaning for "internationalism" must be sought. Even at regional scale, the growth of subcontracting in industry will feed similar conflicts.

Trade Unions must attempt to reach a consensus on the right formula for the "principle of difference" to protect the least favoured individuals without jeopardising the fairness of industrial relations in different sectors and regions.

– *The new forms of production and work*

Industrial reconversion or spatial decentralisation of operations based on new technologies originate new problems in labour skills, training and labour relations.

Short terms labour contracts *versus* long term employment, increased occupational mobility and changing job patterns are factors that challenge Trade Unions.

New sectors of workers whose jobs will keep individuals in physical isolation, operating through electronic network, call for different approaches to tradeunionism. Mass organisation will not operate in such instances and new forms of collective action must be found through increased responsibility of Trade Unions in training and even the mainetenance of labour power.

– *The crisis of pay-as-you-go social security*

The aging European populations face the disruption of the beveridgian social security systems in the near future.

The crisis of the Welfare State has an inportant intergenerational dimension. Partial funding of social security seems unavoidable if future generations are to be protected from overwhelming fiscal burden and intergenerational acute conflict is to be prevented. On the other hand, reforms already undertaken can also originate division between labour force and retirees. Trade Unions will face such issues of intergenerational justice when discussing pension plans in collective bargaining or the overall management of social security.

***

Two attitudes can be adopted by Trade Unions regarding these (and other) issues.

They can hope for some "fine-tuning macroeconomics" by putting pressure on Governments and Community institutions in order to achieve specific results and advantages for the groups they represent. But then they will face a considerable risk because specific corporate interests would prevail over the construction of Europe and the probable outcome would be the disruption of European solidarity.

However, the central historical fact to be kept in mind is that the European nations are committed to forget previous rivalries and to establish cooperation as the basic of their development. At the same time democracy has been elected as the central feature of their social arrangements. The construction of European unity is the result of these two factors and it must be conceived as the most important institutional framework where conflict of interests must be dealt with in the first place.

Taking this stand, Trade Unions must actively seek for a consensus on rules and on how European institutions should operate. It seems to me that such a consensus can only be reached through the principles of "justice as fairness", namely through a fair principle of "difference". Recent developments in European politics are strongly in favour of such a stance.

This attitude is certainly individualistic in its philosophical foundation and as such it contradicts much of traditional labour ideologies. It means to place at the core of European unity the individual and to conceive the Community as the "Europe of Citizens" much more than as a common market of goods, capitals and labour.

On the other hand, no specific results or advantages will be secured. But the outcome of such fair institutions and rules, treating like cases alike and enforcing a principle of "difference" for the benefit of the least favoured individuals (and nations) – such outcome will certainly be an advancement towards the effective social and economic cohesion of Europe.

Whenever time horizon is uncertain and the nature of individual expectation and behaviour a matter of controversy (and such is the case of deep social dynamics) what should really concern us about institutions and society are the public values and the ethical foundations of its rules. Only fair social arrangements can reinforce democratic values and truly overcome dictatorship in the end.

Heinrich Weiss

Prinzip Subsidiarität

Die Anforderungen an das zusammenwachsende Europa lassen sich aus Sicht der deutschen Industrie in fünf Thesen darstellen:

1. Die Integration Europas und die Stärkung einer zentralen europäischen Verwaltung sollten primär den Bürgern dienen. Politik ist kein Selbstzweck. Auch die Verwaltung ist in erster Linie Dienstleistung für den Bürger, die sie kostengünstig und unbürokratisch erbringen sollte. Dasselbe gilt für die Wirtschaft. Auch die Industrie arbeitet nicht für sich selbst, sondern steht im Dienste der Menschen, indem sie möglichst viele Produkte zu möglichst günstigen Preisen liefert. Damit stellt die Wirtschaft die materielle Seite des Lebens sicher.

2. Die Integration Europas darf nicht zu einer Zentralisierung von Politik und Verwaltung führen. Das widerspräche dem Trend. Auch im gesellschaftspolitischen Bereich sehen wir verstärkt die Rückkehr zu kleineren Einheiten und eine Abkehr vom Kollektivismus. Der Aufbau einer neuen Bürokratie in Europa und der Versuch, zentrale Regelungen zu finden, dürfen nur soweit gehen, wie es dem Bürger wirklich nützt. Auf regionale Wünsche muß dabei Rücksicht genommen werden. Ein weiterer wesentlicher Gesichtspunkt ist der der Kostengünstigkeit. Dem Steuerzahler sind Aufbau und Finanzierung einer zentralen Verwaltung, zusätzlich zu den bereits bestehenden, nicht zuzumuten. Europa muß dem Prinzip der Subsidiarität verpflichtet bleiben.

3. Die Entwicklung von wirtschaftlicher und politischer Union müssen Hand in Hand gehen. Wir können uns nur auf eine gemeinsame Währung einigen, wenn wir gleichzeitig auch gemeinsame politische Ziele formulieren. Dies wird nicht in einigen Jahren vonstatten gehen. Eine Währungsunion ist dann möglich, wenn die Priorität für die Stabilität der Währung bei allen Partnern vorhanden ist. Gerade in Deutschland ist die

Angst vor einer möglichen Inflation groß. In diesem Jahrhundert haben die meisten deutschen Familien zweimal ihre Ersparnisse durch Inflation nach den Weltkriegen verloren. Dies ist mit ein Grund, warum die Politik der Deutschen Bundesbank in erster Linie stabilitäts- und antiinflationsorientiert ist. Der in Deutschland erarbeitete Wohlstand darf nicht leichtfertig geopfert werden.

4. Auch in einem vereinten Europa ist der politische und wirtschaftliche Wettberwerb wichtig. Nur die Konkurrenz zwischen den Industrien der Länder kann die Produktivität in einer Weise erhöhen, daß ein weiteres Wachstum des Lebensstandards möglich bleibt. Produktivität wächst nur im Wettbewerb. Unterschiedliche wirtschaftliche Rahmenbedingungen sollten in dem Maße erhalten bleiben, wie sie den europäischen Einigungsprozeß nicht behindern. Das entspricht den Vorstellungen der deutschen Industrie von einem Europa der Vielfalt. Anders ausgedrückt; auch für die Wirtschaft gilt: Harmonisierung nur dort, wo es unbedingt notwendig ist.

5. Die Frage der Harmonisierung betrifft auch die unterschiedlichen Sozialregelungen in Europa. Aus Sicht der deutschen Industrie muß zunächst den europäischen Mitgliedstaaten, die einen sozialpolitischen Nachholbedarf haben, Gelegenheit geboten werden, ihre Wirtschaft aufzubauen und so zu verbessern, daß sie die Erhöhung der Sozialleistungen finanzieren können. Wenn wir allen europäischen Ländern einheitliche Sozialbedingungen aufoktroyieren, werden wir jenen Ländern mit schwächerer Wirtschaft eine Last aufbürden, die sie nicht tragen können. Die Entwicklungsmöglichkeiten dieser Volkswirtschaften würden erdrückt. Es bedeutete darüber hinaus eine Erhöhung des europäischen Strukturfonds, über den letztlich die relativ reichen Länder erhebliche Subventionen an die ärmeren zahlen müßten. Diese Subventionen hätten die Steuerzahler, d.h. wir alle, zu tragen. Eine solche Vorgehensweise kann weder im Interesse der Bürger des entsprechenden Landes noch im Interesse aller Europäer liegen. Deshalb gilt auch hier die strenge Beachtung des Subsidiaritätsprinzips. Alles was länderspezifisch geregelt werden kann – dazu gehören auch die Sozialsysteme – sollte national erledigt werden. Bevor man Sozialleistungen harmonisieren kann, muß sich zunächst durch ge-

Heinrich Weiss.

sunden Wettbewerb die Wirtschaftsproduktivität der EG-Mitgliedsländer annähern.

Monika Wulf-Mathies

Soziale Grundrechte

Zunächst, ich finde es richtig, daß Herr Weiss gesagt hat, daß zwischen der ökonomischen Einheit und der politischen Union keine unterschiedlichen Zeitvorstellungen herrschen dürfen, daß nicht erst die Wirtschafts- und Währungsunion und dann vielleicht irgendwann einmal auch der dringend nötige Demokratisierungsprozeß stattfindet. Allerdings verstehe ich dann seine zweite These nicht, daß nämlich erst die europäische Wirtschaft ihren Wettbewerb im freien Spiel der Kräfte pflegen und die Sozialpolitik, ohne soziale Grundrechte und ohne soziale Chancengleichheit, irgendwann, wenn die Wirtschaft gut läuft, nachkommen darf.

Das ist auch höchst unlogisch: Wenn man sich die jetzige Lage anschaut, sieht man, daß die Wirtschaft eben nicht (wie sie es selbst ganz sympathisch formuliert) das, was man national, regional oder lokal machen kann, auch dort macht. Im Gegenteil: Das Kapital arbeitet international. Wir haben doch heute schon eine ungeheure Kapitalverflechtung, einen großen Konzentrationsprozeß der Wirtschaft und eine Ausbreitung multinationaler Konzerne. Und wir haben eine Sozialpolitik, die so tut, als ob es diese Verflechtungen nicht gebe. Ich kann verstehen, daß Herrn Weiss das gefällt, denn die Wirtschaft profitiert von diesem Zustand und möchte ihren Wettbewerbsvorteil natürlich sichern. Gewerkschaften, soziale Rechte und Sozialpolitik sind noch nationalstaatlich befangen und haben deshalb sehr wenig Möglichkeiten, ihren Anteil an der Gleichberechtigung zwischen Kapital und Arbeit auf europäischer Ebene einzufordern. Das ist für die Wirtschaft bequem, für die ArbeitnehmerInnen dagegen ist es gefährlich und schädlich – und deshalb wollen wir es ändern, genau deshalb sind wir der Meinung, daß es notwendig ist, die soziale Dimension im europäischen Prozeß nicht zu vergessen. Denn wie sollen die ArbeitnehmerInnen für Europa zu gewinnen sein, wenn ihnen das nur schlechtere Bedingungen als unter nationalstaatlicher Ägide bringt und wenn sie überhaupt keine Möglichkeiten haben, ihre Rechte umzusetzen?

Was wir im Augenblick – zumindest in Westeuropa – sehen, ist eine ungeheure Paradoxie: Wir haben steigende Gewinne, steigende Rentabilität, wir haben eine Ausbreitung von Absatzmärkten, wir haben seit Jahren sinkende Lohnstückkosten – eine steigende Konkurrenzfähigkeit der Wirtschaft. Dem steht aber eine hohe Arbeitslosenzahl gegenüber, die sich immer mehr verfestigt; dem steht gegenüber, daß immer mehr Menschen unter die Armutsgrenze rutschen (heute leben beispielsweise 50 Millionen Menschen in der EG, deren Haushalte weniger als 50 % des Durchschnittseinkommens haben); dem steht gegenüber, daß die regionalen Disparitäten nicht abgebaut werden, sondern immer noch zunehmen. Und das heißt, daß zum Beispiel in Südeuropa und in Irland – und bald kann man auch noch die neuen Bundesländer dazurechnen – 40 bis 60 % der Menschen sich unter dem EG-Durchschnittseinkommen befinden. Deshalb, denke ich, müssen wir etwas tun, um mehr Gleichzeitigkeit in den Entwicklungen zu erreichen. Unsere Forderung: Verbindliche soziale und demokratische Grundrechte.

Ich sage nicht, daß wir heute schon überall gleiche Einkommen und gleiche soziale Sicherungsinstrumente haben müssen. Aber: Es ist notwendig, soziale und demokratische Mindeststandards zu setzen, hinter die man auch in armen Ländern und Regionen nicht zurückfallen darf. Denn es geht in diesen Gebieten zunächst und vor allem um Menschen, und da muß man sich überlegen, was man Menschen zumuten kann, um Wirtschaft wettbewerbsfähig zu machen. Das heißt: Wer gratis arbeiten muß, wer seine Arbeitskraft zu unmenschlichen Bedingungen verkaufen muß, kann sich auch nicht an demokratischen Prozessen beteiligen. Und wenn ich andererseits ein demokratisches Europa will, dann bedeutet das ganz einfach auch, daß Menschen unter menschenwürdigen Bedingungen arbeiten können – und daß sie auch Beteiligungsrechte im Bereich ihrer Arbeit haben müssen. Das bedeutet, daß man zumindest Vereinigungsfreiheit sicherstellen muß, daß man Rechte auf Tarifverträge sicherstellen

Monika Wulf-Mathies

muß, daß gleiche Qualität von Mitbestimmung herrschen muß, daß verbindlich festgelegt werden muß, wie europäische Betriebsräte agieren. Und es wundert mich schon, daß die Arbeitgeber die Richtlinie für „Europäische Betriebsräte" ablehnen, die nicht mehr versucht, als gewisse Mindeststandards an Information und Beteiligung sicherzustellen. Denn es geht um Investitionsentscheidungen, um Produktionsverlagerungen, um Arbeitsbedingungen, auch um unterschiedliche Arbeitszeiten.

Die Gewerkschaften sind im Prozeß der Europäisierung benachteiligt. Mit dem Geld und den Waren ist es relativ einfach: Das überweise ich beziehungsweise transportiere ich auf Lkws (leider auf zu vielen Lkws und zu wenig auf der Bahn) über die Ländergrenzen hinweg. Aber die Arbeitsrechtssituation ist in den EG-Mitgliedsstaaten extrem unterschiedlich, genauso wie die Vertragsbeziehungen zwischen ArbeitnehmerInnen und Arbeitgebern oder die Einflußmöglichkeiten von Gewerkschaften auf die Gesetzgebung. Das Problem besteht auch darin, daß Sich-Verstehen eben sehr schwierig ist, nicht nur wegen der unterschiedlichen Sprachen, sondern auch wegen der unterschiedlichen Systeme. Und da wäre es die verdammte Pflicht und Schuldigkeit der Arbeitgeber mitzuhelfen, daß überhaupt Möglichkeiten der Kommunikation für ArbeitnehmerInnen in multinationalen Unternehmen aufgebaut werden, damit man sich gegenseitig infomieren kann, damit man weiß, worum es den KollegInnen geht – damit man auch dem näher kommen kann, was Herr Mendes gesagt hat: Die Unterschiedlichkeiten zu akzeptieren und unterschiedliche Maßnahmen zu ermöglichen, aber auch dafür zu sorgen, daß Gerechtigkeit durch die Herstellung von Chancengleichheit erfolgt.

Es geht nicht um formale Gerechtigkeit, sondern darum, daß wir dort etwas tun, wo die Menschen Hilfe brauchen, darum, daß wir nicht um Löhne und Arbeitsbedingungen unter den ArbeitnehmerInnen konkurrieren, sondern daß wir akzeptieren, daß zusätzliche Investitionen auch in den armen Regionen getätigt werden können. Das kann dann auch bedeuten, daß man in der reichen Bundesrepublik auf einen Teil der Produktion verzichtet. Aber nicht in dem Sinne, daß die Arbeitgeber auswählen, wo ihr günstigster Standort ist. Sondern so, daß man in einem gemeinsamen Konzept die Angleichung auf dem Wege des Fortschritts verfolgt und nicht die Hoffnung, die Arbeitgeber auch lange Zeit mit dem Projekt

„Binnenmarkt" verbunden haben, nämlich eine Deregulierung nach unten vorzunehmen. Das heißt, das soziale Niveau der Bundesrepublik herunterzufahren auf das Niveau von Portugal.

Und umgekehrt muß Portugal dadurch weiterentwickelt werden, daß man Chancen eröffnet, daß man Beschäftigungsprogramme dorthin bringt, daß man Investitionen und Qualifikationsmaßnahmen dort möglich macht.

Das wiederum leistet eben nicht allein der Markt: Dazu braucht man in der Tat den Staat, dazu braucht man die Intervention des Staates, dazu braucht man aktive regionale Strukturpolitik und dazu braucht man als Voraussetzung die Bereitschaft, etwas zu tun, damit ärmere Regionen sich entwickeln können. Ich finde es nicht gut, wenn die Arbeitgeberseite hier sagt, das bedeute dann, daß alle Maßnahmen mit Steuergeldern bezahlt werden müssen, also müßten wir mit dem Status quo zufrieden sein. Ich denke, wir müssen in der Tat lernen – so wie wir es auch im deutsch-deutschen Einigungsprozeß lernen –, daß eine Vereinheitlichung nicht umsonst zu haben ist. Deshalb müssen wir uns auch gesellschaftlich darauf einstellen, daß die reichen Länder einen Beitrag zur Entwicklung der armen Regionen leisten müssen. Das bedeutet dann auch, daß wir etwas tun müssen, um Osteuropa an das Niveau Westeuropas heranzuführen.

Ich glaube nicht, daß den osteuropäischen Staaten die Vollmitgliedschaft in der EG im Augenblick helfen würde. Ich glaube vielmehr, daß wir hier tatsächlich zwei Geschwindigkeiten brauchen. In Deutschland bezahlen wir Lehrgeld für die schnelle Wirtschafts- und Währungsunion – in Europa sollten wir versuchen, unterschiedliche Geschwindigkeiten und ein langsameres Anpassen zu ermöglichen.

Sofort müssen wir aber zu dem Bewußtseinsbildungsprozeß beitragen, den Herr Arkuszewski angemahnt hat. Denn diejenigen, die den Demokratisierungsprozeß mit in Gang gesetzt haben, die ihn jetzt mit ihrer Arbeitskraft tragen, dürfen nicht die Opfer dieses Einigungsprozesses werden.

Zygmunt Tyszkiewicz

Konstanter Dialog

Im Prozeß des Zusammenwachsens und der Integration Europas gibt es bedeutende Parallelen in West- und Osteuropa. Die Gemeinschaften im Osten wollen im Grunde genommen etwas ähnliches erreichen wie jene im westlichen Teil. Dabei müssen wir beachten, daß dies nicht zu einem einheitlichen starren Modell führt, das für alle gilt. Jedes Land muß seine eigene Lösung, seinen eigenen Weg zum Ziel finden. Das Ziel aber sollten wir gemeinsam festlegen. Dazu bedarf es wechselseitiger Informationen und Abstimmungen.

Die zentrale Kommandowirtschaft hat zum Zusammenbruch Osteuropas geführt. Die Menschen blickten nur nach oben, folgten Weisungen, konnten jedoch nicht eigenverantwortlich handeln. Die Menschen müssen – wie wir – lernen, im Wettbewerb zu produzieren, zu liefern und Preise nach dem Markt zu gestalten. Sie und wir brauchen einen offenen, wettbewerbsorientierten Markt. Die Alternative heißt Armut. Zu dieser Vorstellung von Markt gehören die Prinzipien der Subsidiarität und eines Sozialsystems. In letzterem liegt zunächst die große Tragödie des Ostens. Das Ende der unproduktiven Großbetriebe zieht ein hohe Zahl von Arbeitslosen nach sich. Ein soziales Sicherheitssystem kann diesen Übergangsprozeß abfedern. Wir brauchen ein soziales Netz, Solidarität, wirtschaftliche Kohäsion und eine starke Regionalpolitik. Solidarität kann man auch dadurch beweisen, daß man den Markt öffnet und offen hält. Wenn wir bereit sind, Waren und Dienstleistungen aus Osteuropa zu kaufen, stellen wir dort schneller eine Konkurrenzfähigkeit her, als wenn wir uns nur auf Subventionen verlassen.

Zygmunt Tyszkiewicz

Vor allem aber benötigen wir in Europa einen offenen Dialog zwischen Arbeitgebern und Gewerkschaften. Beide bewegen sich auf etwas Unbekanntes hin. Keiner weiß, wie sich ein kontinentaler gemeinsamer Markt entwickeln wird, welche Auswirkungen er mit sich bringt. Deshalb sollten beide Partner zusammenhalten, die Probleme erörtern und dem Gesetzgeber helfen, die richtigen Beschlüsse zu fassen.

Wenn wir die deutsche Entwicklung der Nachkriegszeit betrachten, so sehen wir ein bedeutendes Wirtschaftswunder. Was wir nicht beantworten können ist die Frage, ob es dieses Wirtschaftswunder wegen oder trotz der Mitbestimmungsregelungen gegeben hat. Niemand kann es beweisen. Doch feststeht, daß dieses Modell in Deutschland akzeptiert wird. Es wäre jedoch ein großer Fehler, wollte man davon ableiten, daß dieses Modell auch das beste Modell für Polen oder Portugal sei. Vorsicht ist hierbei angemessen. Europa ist nicht Amerika, ist kein Schmelztiegel von Kulturen und Nationen. Europa ist noch sehr unterschiedlich.

Durch das Privileg, in verschiedenen Ländern Europas arbeiten zu dürfen, habe ich Erfahrungen gesammelt, die durch meine privaten Bindungen verstärkt wurden. Ich bin Pole mit britischem Paß und arbeite in Belgien. Meine Frau kommt aus Schweden. Eine unserer Töchter hat nach Italien geheiratet. Diese persönlichen Erfahrungen unterstreichen die Sicht, daß es vor allem darauf ankommt, miteinander zu reden, sich auszutauschen. Hierfür bietet die Tagung „Europäisches Gespräch" eine gute Gelegenheit. Jedes Land bietet eigene Ansätze und Voraussetzungen, um Schwierigkeiten zu begegnen. Wir sollten auf einer solchen Unterschiedlichkeit bestehen und stolz darauf sein. Deshalb reicht es nicht aus, einfach zu sagen, das deutsche Mitbestimmungsmodell wird auf Griechenland, Irland, Dänemark oder Portugal übertragen. Das sollte die Debatte über europäische Betriebsräte berücksichtigen. Wir sollten in den Zielsetzungen übereinstimmen, jedoch verschiedene Wege zulassen. Viele europäische Politiken sind denkbar. Jedes Land braucht Spielraum. Man sollte nicht festlegen, daß jeder den gleichen Weg zu beschreiten habe.

Zu verschiedenen Wegen gehört es, daß Gewerkschaften und Arbeitgeber unterschiedlicher Meinung sind. Entscheidend für das Gelingen der europäischen Integration ist die beidseitige Fähigkeit zum Zuhören. Wir müssen lernen zuzuhören. Wir brauchen einen konstanten Dialog.

Als Vertreter der Arbeitgeber werde ich oft von osteuropäischen Besuchern gefragt, was ihre Volkswirtschaften beachten müssen, um erfolgreich zu sein. Nun ich bin kein Orakel. Ich denke aber, daß es bestimmte Grundsätze gibt, die nicht außer Acht gelassen werden dürfen.

Erstens ist die Entschlossenheit einer Regierung wichtig, mit der sie ihren *Willen* zur Einführung der Marktwirtschaft bekundet. Ausländische Investoren gewinnen dadurch Vertrauen. Dieses Vertrauen muß durch einen vernünftigen rechtlichen *Rahmen* bekräftigt werden. Drittens bedürfen ausländische Unternehmen staatlicher Unterstützung. Dies kann durch finanzielle oder steuerliche Vergünstigungen oder Hilfen beim Erwerb von Grundstücken erfolgen. Viertens sollten in den osteuropäischen Ländern *Banken und Börsen* entstehen, um privates Kapital zu mobilisieren. Um letztlich Investitionen umsetzen zu können, sind qualifizierte Mitarbeiter, *Schulungen* und Weiterbildungsmaßnahmen erforderlich. Vor allem aber ist *Geduld* und Ausdauer vonnöten.

Diese *sechs* Punkte bilden die Grundlage eines möglichen Erfolgs, ohne daß sie eine Garantie darstellen können. Die Länder, die diese Grundsätze am schnellsten beherzigen, werden am ehesten Erfolge erzielen. Polen hat mit seinen Entscheidungen beispielhaft gezeigt, wie sich ein Wille zur Marktwirtschaft in Regierungsentscheidungen niederschlägt Polen wird die Probleme der Zentralverwaltungswirtschaft überwinden.

Doch ich unterstreiche: Wir brauchen einen konstanten Dialog.

Raffaele Morese

Sozialpakt für den Süden

Ich komme aus Italien und möchte in das Gespräch einige unserer Erfahrungen beitragen. Sie knüpfen an das an, was Herr Weiss und Herr Mendes vorgetragen haben.

Das europäische Haus muß noch gebaut werden. Dafür benötigen wir bestimmte Beziehungen der Bewohner untereinander. Die entscheidende Frage im Hinblick auf das gemeinsame Europa lautet: Sind die reichen Regionen bereit, den ärmeren von ihrem Reichtum etwas abzugeben? Wenn die reichen Regionen auf ihrem Reichtum bestehen, werden die ärmeren noch ärmer werden. Dann wird der Bau eines europäischen Hauses nicht gelingen. Die armen Regionen finden nur dann zu einem qualitativen Wachstum, wenn die reicheren bereit sind, ihrer Entwicklung eine gewisse Richtung zu geben. Die Forderung nach weiterer Liberalisierung des Marktes wird dafür nicht ausreichen. Der Vorsitzende des italienischen Industriellenverbandes verweist darauf, daß die Arbeitskosten in Italien zu hoch seien, und daß deswegen viele Unternehmer ihr Geld im Ausland investieren. Doch wir wissen, daß sie mit ihren Gewinnen selten nach Portugal, Griechenland oder Südamerika gehen. Sie legen es in der Schweiz, Deutschland oder Frankreich an. Sie werden ihre Gründe haben.

In unseren Gesellschaften gibt es entweder Arbeit oder Armenunterstützung. Eine dritte Möglichkeit gibt es nicht. Fürsorge für die Armen wird zu teuer und löst keine Probleme. Wir sehen es an den Handlungen Helmut Kohls in Ostdeutschland. Ich will keineswegs ausdrücken, daß man keine Fürsorgeinstrumente bräuchte. Fürsorge ist wesentlich und die Debatte über Mindesteinkommen in Europa ist nützlich. Aber wir brauchen vor allem strukturelle Maßnahmen und einen qualitativ anderen Begriff von Entwicklung. Nur quantitative Wachstumsüberlegungen reichen nicht aus. Die Menschen wollen Städte, in denen sie auch wirklich wohnen

können. Sie dringen auf gesündere Umwelt und verlangen akzeptable Zukunftschancen für ihre Kinder. Diese Ziele sind nur erreichbar, wenn wir uns in Europa auch zu politisch schmerzhaften Schritten entschließen. Wir kommen nicht darum herum, der Entwicklung gewisse Fesseln anzulegen, wenn wir bewohnbare Städte und gesunde Luft anstreben. Eine wichtige strukturelle Maßnahme ist in der notwendigen Dezentralisierung der Produktion zu sehen. Möglichkeiten des Produzierens sollten von den reichen Regionen weg hin zu den ärmeren verlagert werden.

Unter diesem Gesichtspunkt konnten wir in Italien besondere Erfahrungen sammeln. Wir nennen es ‚Sozialpakt für den Süden'. Im Süden Italiens leben ungefähr zwanzig Millionen Menschen. Es ist eine ähnliche Größe wie die Bewohner auf dem Gebiet der ehemaligen DDR. Die durchschnittliche Arbeitslosigkeitsrate Italiens liegt bei elf Prozent. Im Süden steigt sie auf das Doppelte. Nur ein Pakt zwischen Regierung, Arbeitgebern und Gewerkschaften kann reale Chancen für Industrialisierungs- und Fortschrittsmöglichkeiten eröffnen. Im Rahmen dieses Paktes verpflichtet sich die Regierung, notwendige Infrastrukturen zu schaffen. Erforderlich sind Transportverbindungen, Abwasserversorgung, Kommunikationsmittel, Bildungsangebote, Technologieparks und Wissenstransfer. Die Arbeitgeber verpflichten sich zu gezielten Investitionen und zu Standortverlegungen in diese Region. FIAT hat damit bereits begonnen. Von seiten der Gewerkschaften gibt es die Selbstverpflichtung, eine entsprechende Tarifpolitik zu betreiben, z.B. hinsichtlich der Schichtarbeit und der Lohnforderungen. Für eine befristete Zeit werden Lohnzahlungen unterhalb der Tarifverträge akzeptiert, damit möglichst viele junge Leute einen Arbeitsplatz erhalten. Es werden unterschiedliche Löhne akzeptiert im Vergleich zu den reichen Gebieten. In armen Gegenden muß Lohnpolitik bescheidener sein, sonst gelingen die angestrebten Entwicklungen nicht. Meines Erachtens ist der strukturelle Ansatz dieses Paktes von zentraler Bedeutung. Wir wollen sicherstellen, daß in den benachteiligten Regionen investiert wird und wir Löhne und Leistungen so angleichen, daß der Süden wettbewerbsfähig wird.

In dieser Richtung kann der soziale Dialog zwischen Arbeitgebern, Gewerkschaften und der Europäischen Kommission ein nützliches Werkzeug sein, um ein Gleichgewicht zwischen armen und reichen Zonen des

Kontinents herzustellen. Ich teile nicht die Auffassung, daß ein Rückgriff auf das Subsidiaritätsprinzip zu besseren Lösungen führt.

Nach den Ereignissen in Osteuropa wäre es falsch, das Lied vom Triumph des Kapitalismus zu singen. Wir leben ja in ihm und kennen seine Mängel. Der Kapitalismus befriedigt nicht alle Bedürfnisse der Bevölkerung, der Gesellschaft und der Demokratie. Die Gewerkschaften müssen zusammen mit den demokratischen Institutionen dazu beitragen, daß die kapitalistische Entwicklung nicht überbordet. Die Menschen sind die Hauptdarsteller und sie müssen den Sieg davontragen.

Siim Kallas

Siim Kallas

Weicher Übergang

Das Land, aus dem ich komme, ist arm. Die Probleme Estlands sind mit denen Polens vergleichbar. Deshalb verfolgte ich den Beitrag von Herrn Arkuszewski mit großem Interesse.

Für die Entwicklung unseres Landes ist es von essentieller Bedeutung, wie sich die politische Situation in Rußland verändert. Sie wirkt zurück auf unsere Unabhängigkeit. Neben diesem Prozeß stehen wir gleichzeitig vor der Herausforderung der Hinwendung zur Marktwirtschaft. Preise, Löhne, Gehälter unterliegen einem raschen Wandel und lösen soziale Konflikte aus. Die sozialen Spannungen können irgendwann der politischen Hauptaufgabe schaden. Vor diesem Hintergrund müssen die estnischen Gewerkschaften ihre gesellschaftliche Rolle finden.

Das estnische Gewerkschaftsprogramm versucht soziale und wirtschaftliche Interessen zu einem Ausgleich zu führen. Eine Vereinbarung zwischen Regierung und Gewerkschaften betont den Weg der Konsensfindung. Darin sehen wir einen Fortschritt, denn der gewerkschaftliche Ansatz des Verhandelns und Aushandelns wird akzeptiert. Als Erfolg können wir diesen Weg auch deshalb bewerten, weil er innerhalb der Gewerkschaftsbewegung zu einer gewissen Vereinheitlichung der Vorstellungen beigetragen hat. Es gibt gewerkschaftsintern diesbezüglich keine größeren Widersprüche. Ich sehe in der Einheitlichkeit der gewerkschaftlichen Position die Voraussetzung für weitere Verhandlungen mit der Regierung und zukünftigen Arbeitgeberverbänden.

Es ist nicht leicht zu verstehen, wie man in einem gesellschaftlichen Umfeld handeln kann, in dem es keine Traditionen der Gewerkschaftsbewegung gibt. Vor dem Krieg gab es in Estland nur sehr schwache Gewerkschaften. Eine ähnliche Lage finden wir in den anderen baltischen Staaten. Wir müssen vorsichtig agieren. Wenn die Gewerkschaften eine falsche Politik ergreifen, verlieren sie an Zuspruch und verschwinden wieder. Wir haben erkannt, daß Gewerkschaften für uns notwendig sind, wenn wir eine neue Gesellschaft und einen weichen Übergang zur Marktwirtschaft erreichen wollen.

Abschließend möchte ich noch eine Bemerkung zum Stichwort ‚internationale Hilfe' machen. Manche Menschen verstehen Hilfe als Transfer von Ressourcen. Der Transfer von Ressourcen als Reparationsleistungen an die UdSSR hat in der jüngeren Vergangenheit nichts erbracht. Wo ist die Fabrik, die wirtschaftlich produziert? Ressourcentransfer allein reicht nicht aus. Ohne die Schaffung eines effizienten Wirtschafts- und Sozialsystems in den Empfängerländern nützen reine Mitteltransfers kaum etwas. Am Anfang muß vielleicht ein Know-How-Transfer stehen.

Wojciech Arkuszewski

Es fehlen Perspektiven

Um auf Herrn Mendes eingehen zu können, muß ich Ihnen zunächst die Situation meines Landes beschreiben und Ihnen die Schwierigkeiten schildern, in denen sich Polen heute befindet.

Vor zehn Jahren – im Sommer 1981, nachdem sich im August 1980 die unabhängige Gewerkschaft Solidarność gegründet hatte, – lagen unsere größten Probleme auf drei wesentlichen Gebieten. Die erste eminente Herausforderung war die Entdeckung der Freiheit des Wortes. Den Menschen im Westen ist dies nur schwer zu erklären, da sie ja täglich diese Freiheit genießen. Wer aber – wie wir damals – zum ersten Mal umfassend mit der Freiheit des Wortes konfrontiert wurde, war geradezu geschockt. Nicht alles, was gesagt oder geschrieben wurde, war damals wichtig oder klug. Wichtig war die Tatsache, daß man es mit seiner eigenen Stimme aussprechen durfte. Es entstanden mehr als viertausend Bulletins und regelmäßige Schriften. Die Menschen sammelten Erfahrungen. Ähnlich geht es den Menschen heute in Moskau.

Eine zweite Schwierigkeit für uns damals lag in dem Mangel an Organisationserfahrung. Die Menschen kannten die einfachsten Dinge nicht, hatten kein Organisationswissen. Wie soll man ein Versammlung abhalten? Wie werden Wahlen durchgeführt? Wie artikuliert man seine Thesen? So geht es heute den Russen, die zwar zu hunderttausenden auf die Straße gehen, aber es nicht vermögen, dies in Organisationskraft zu verwandeln.

Das dritte Problem beruhte in dem Faktum, daß jeder Konflikt zwischen Arbeitgeber und Gewerkschaft ein Konflikt mit dem Staat war. Die Regierung war der Arbeitgeber für uns alle. Eine Opposition gegen eine kommunistische Regierung mußte eine politische sein.

Nach meiner Überzeugung werden die Gewerkschaften in Osteuropa solange nicht in einer den westlichen Gewerkschaften ähnlichen Weise ar-

Wojciech Arkuszewski

beiten können, wie nicht die Mehrheit der Wirtschaft privatisiert ist. Gegenwärtig erleben wir die Privatisierung des Handels und von Teilen des Transportwesens. Im folgenden Jahr sollen das Baugewerbe und die kleinen Firmen in private Hände wechseln. Das Zoll- und Steuersystem in Polen wird dem westlichen Muster angepaßt. Doch diese Schritte lassen noch nicht den Schluß zu, daß bei uns nun die Lage gut wäre. Wichtige Probleme sind noch immer nicht zufriedenstellend gelöst. Dazu zählen die Reform des Bankensystems und die Reform der Großbetriebe. Die großen Staatsbetriebe waren die Lieblingskinder der kommunistischen Politik. Sie zu reformieren gestaltet sich als besonders schwierig. Deren Privatisierung wird ein langwieriger Prozeß, denn wir können es uns nicht erlauben, daß die Betriebe schlagartig bankrottgehen.

Doch mit dem Begriff ‚Großbetrieb' verbinden sich bei uns andere Strukturen, als es aus westlicher Sicht scheint. Nehmen wir zum Beispiel eine polnische Kohlengrube. Sie produziert Steinkohle zu einem Preis, der fünfzig Prozent über dem vergleichbaren Preis der südafrikanischen Steinkohle liegt. Warum? Bei uns enthalten die Produktionskosten die Ausgaben für Wohnungen, für Bergarbeitersiedlungen, für Fernheizung, für den Unterhalt von Bergarbeiterschulen, für Sporteinrichtungen und Clubs. Niemand weiß deshalb genau, wieviel eine Tonne Kohle wirklich kostet.

Die gesellschaftlichen Probleme, mit denen unsere Gewerkschaft zu kämpfen hat, sind erheblich gewachsen. Vielen Menschen geht es sozial schlecht, das Leben ist beschwerlich. Damit sinkt die Bereitschaft, Reformansätze zu unterstützen. Auch die Sympathie für Solidarność läßt nach. Eine große Bedrohung für die Gesellschaft resultiert aus dem raschen Anstieg krasser sozialer Ungleichheit. Allein in Warschau gibt es erhebliche Differenzen in den Löhnen der Arbeiter. Bis zum 24fachen eines Normallohnes werden gezahlt. Diese Unterschiede heizen die Stimmung an. Zudem gelingt es manchen Menschen, sich durch besondere Aktivitäten unermeßlich zu bereichern. Bestechungsgelder zwischen zwei und fünfzig Millionen Dollar wurden geboten. Gleichzeitig mußten Millionen Menschen ihren Arbeitsplatz und Beruf wechseln. Viele von ihnen brauchen Hilfe. Darin liegt ein enormes gesellschaftliches Problem. Es fehlt an Perspektiven. Die Belegschaften, die Arbeitenden in den Betrieben, die die Revolution begonnen haben, fühlen sich heute als Opfer dieses Prozesses.

Solidarność muß ihre Arbeit neu orientieren. In den Privatbetrieben müssen gewerkschaftliche Vertretungen aufgebaut werden. Es geht um die Angleichung der Löhne, die Durchführung von Schulungsmaßnahmen und um programmatische Überlegungen, wie die Großbetriebe evolutionär umzugestalten sind. Statt Bankrott brauchen wir die Effektivierung der Arbeit und die Steigerung der Produktivität.

Doch das zentrale Problem liegt in der Haltung und Einstellung der Menschen in Polen. Sie sind bereit, Opfer zu bringen und sie bringen sie. Empört sind sie aber über die Zunahme der Ungerechtigkeiten und die zunehmende Gefährdung ihrer Existenz. Sie verstehen die Wirtschaftsformen und die Marktwirtschaft nicht. Der Geist des Wirtschaftens, wie ihn einst Max Weber beschrieb, fehlt. Er wurde fünfzig Jahre lang bekämpft. Deshalb bedarf es nicht nur der strukturellen Reformen sondern auch einer Art Bewußtseinsschulung der Gesellschaft. Hierin liegt ebenfalls eine Aufgabe der Gewerkschaft. Die Menschen dürfen nicht völlig unvorbereitet in die Marktwirtschaft hineinfallen.

Zum Schluß möchte ich noch eine Bemerkung zur Lage in Deutschland machen. Osteuropa war immer ein Europa der zweiten Klasse. Heute lebt jedes Volk in Osteueropa in der Hoffnung, daß es vielleicht zu der ersten Klasse aufrücken könnte. Das ist verständlich. Ähnlich geht es einem Teil der Deutschen. Die Deutschen aus der ehemaligen DDR laufen Gefahr, Bürger zweiter Klasse zu sein. Darin liegt eine erhebliche Gefahr für die Zukunft. Aus polnischer Sicht ist dieser Integrationsprozeß sehr interessant. Er könnte ein Modell oder Vorbild werden für die Integration Osteuropas in die europäische Gesamtwirtschaft.

Aus der Diskussion

Interessenskonflikte

HEINRICH WEISS: Frau Wulf Mathies hat meinen Beitrag in einigen Punkten mißverstanden. Ich habe keineswegs gesagt, daß das Kapital international frei operieren können muß, dagegen aber die Gewerkschaften nicht über die Angleichung sozialer Bedingungen miteinander reden dürften. Mir ging es in meinen Thesen nur um die quantitative Seite der Sozialpolitik, d.h. die Höhe der Sozialleistungen. Sie sind in Relation zur Leistungsfähigkeit der lokalen Industrie zu sehen. Selbstverständlich müssen sich – wie Politik und Wirtschaft – auch die Gewerkschaften auf europäischer Ebene koordinieren, konsultieren und Erfahrungen austauschen. Wir leben in einer freien Gesellschaft, in der jeder mit jedem reden kann.

Ich teile auch die Auffassung, daß man über gewisse Mindeststandards reden muß. Das gilt vor allem in Fragen der Gesundheitsfürsorge und der Arbeitssicherheit. Hier sollten wir auf möglichst hohem Niveau ansetzen. Auch hinsichtlich der Mindestanforderungen in wirtschaftlich schwächeren Ländern sollten wir entsprechende Erfahrungen austauschen. Dabei ist jedoch stets zu fragen, was die armen Länder bezahlen können, ohne daß die Lebensfähigkeit der Unternehmen gefährdet ist.

In bezug auf die Tätigkeit europäischer Betriebsräte ist nichts dagegen einzuwenden, wenn diese sich wechselseitig konsultieren. Es muß aber verhindert werden, daß z.B. bei VW ein europäischer Betriebsrat entsteht, der dann mitzubestimmen hat, was im VW-Werk Kassel passiert. Das ist nicht praktikabel, weil bürokratisch und aufwendig. Vor allem widerspricht es dem Prinzip der Subsidiarität. Was man lokal regeln kann, soll lokal erledigt werden. Alles andere ist schwerfällig. Auch bei den großen Konzernen regelt man Lokales vor Ort.

Frau Wulf-Mathies fordert Beiträge der reichen Länder für die Ärmeren. Wir kennen das Thema hier in Deutschland aus unseren Erfahrungen mit dem Aufbau der Wirtschaft in den neuen Bundesländern. Die Gewerkschaften in Westdeutschland sind nicht nur nicht bereit, Besitzstände in Frage stellen zu lassen und etwas in den Osten zu geben. Sie haben jetzt sogar einen Tarifabschluß herbeigeführt, der im Ergebnis weit über der Inflationsrate liegt. Wir hätten von den 27 Mrd. DM, die der ÖTV-Abschluß 1991 gekostet hat, lieber einen Teil für die Beamten nach Ostdeutschland geschickt. Sie, Frau Wulf-Mathies, fordern Beiträge für Osteuropa und sind Ihrerseits nicht bereit, selbst Beiträge zu liefern. Sie geraten in die Gefahr von Sonntagsreden. Wo bleibt die Solidarität der westdeutschen Gewerkschaften mit den ostdeutschen Arbeitnehmern?

MONIKA WULF-MATHIES: Offenbar kennt Herr Weiss die Fakten nicht. Der Tarifabschluß der ÖTV, aber auch die der anderen Gewerkschaften im Westen, kommt unmittelbar auch den KollegInnen in den neuen Bundesländern zugute, weil nämlich 60% eines höheren Einkommens mehr sind als 60% eines niedrigeren. Auch die öffentlichen Arbeitgeber müssen wissen, daß qualifizierte Arbeit, die im Wettbewerb mit gleichen Tätigkeiten in der deutschen Industrie steht, auch entsprechend gleichwertig bezahlt werden muß. Sonst haben wir einen miesen Öffentlichen Dienst. Wie wichtig ein funktionsfähiger Öffentlicher Dienst ist, sehen wir derzeit in den neuen Bundesländern. Wenn wir einen leistungsfähigen Öffentlichen Dienst haben wollen, wenn die Qualität der öffentlichen Infrastruktur ein ganz wesentlicher Produktionsfaktor ist, dann müßten in diesen Bereichen auch die Einkommen wettbewerbsfähig sein.

Also gibt es eine Berechtigung des Öffentlichen Dienstes, an der allgemeinen Einkommensentwicklung teilzuhaben. Die Industrie und die öffentlichen Arbeitgeber verschweigen natürlich, daß in der Industrie höhere Abschlüsse getätigt worden sind als im Öffentlichen Dienst. Fakt ist, daß der Öffentliche Dienst bei der Einkommensentwicklung in den letzten Jahren benachteiligt war und daß wir mit der Tarifrunde '91 versucht haben, ein kleines Stück dieses Einkommensabstandes aufzuholen. Im übrigen haben die Arbeitgeber ja eine öffentliche Kampagne gegen unsere

Lohnabschlüsse im Osten gemacht und beklagt, daß sie zu hoch seien. Also muß die gewerkschaftliche Solidarität doch funktioniert haben.

Wenn wir denn schon über Solidarität reden, dann erwarte ich eine Solidarität, die sich nach der Leistungsfähigkeit der Betroffenen richtet. Die Gewerkschaften haben sich nicht gegen Steuererhöhungen zur Finanzierung der Kosten der deutschen Einheit ausgesprochen – sie haben sich jedoch dagegen ausgesprochen, daß die deutsche Industrie massig verdient, aber keinen spezifischen Beitrag zur ökonomischen Entwicklung der neuen Bundesländer leistet. Und wir haben uns dagegen ausgesprochen, daß gerade die unteren und mittleren EinkommensbezieherInnen beispielsweise über die Steuererhöhung einerseits und die Erhöhung der Beiträge zur Arbeitslosenversicherung andererseits die Hauptlast der Finanzierung zu tragen haben. Es gibt Vorschläge von uns, mit denen wir deutlich machen, daß wir zu solidarischen Beiträgen bereit sind. Aber diese Solidarbeiträge müssen sozial gerecht aufgebracht werden – und daran fehlt es doch. Keinem Arbeitnehmer und keiner Arbeitnehmerin kann etwas abverlangt werden, wenn sie wissen, daß Unternehmen für sich Steuersenkungen wollen, daß Unternehmen sich in geringem Umfang (bezogen auf ihre Leistungsfähigkeit) an der Aufbauarbeit in der ehemaligen DDR beteiligen.

HEINRICH WEISS: Die interne Demokratie und Mitbestimmung der Betriebsräte nach dem Betriebsverfassungsgesetz wird von den meisten Unternehmern gutgeheißen. Oft geht der offene und faire Meinungsaustausch in den Betrieben noch über das Gesetz hinaus. Auch die überbetriebliche Mitbestimmung ist von der Mehrzahl der Unternehmen in Deutschland heute akzeptiert. Aber ich muß auf etwas hinweisen: Viele ausländische Investoren verstehen diese Mitbestimmung nicht, weil ihnen die Sozialpartnerschaft, wie wir sie hier in Deutschland haben, fremd ist. Vor diesem Hintergrund teile ich die Sorge, daß wir zu wenige ausländische Investitionen erhalten, weil die Investoren glauben, damit nicht umgehen zu können. Dieses Problem gilt gerade im Hinblick auf die neuen Bundesländer. Aber: Je mehr Investitionen auch aus dem Ausland kommen, desto schneller wird der Aufbau gelingen.

In Vorbereitung des EG-Binnenmarktes ab Januar 1993 planen eine Reihe japanischer und amerikanischer Firmen den Bau neuer Fabriken in Europa. Wir würden sie gern nach Ostdeutschland holen. Zu diesem Zweck sind von BDI, BDA und UNICE gemeinsam in Berlin und Dresden verschiedene Konferenzen durchgeführt worden. Doch der Erfolg stellt sich noch nicht ein. Im Jahre 1990 investierten deutsche Unternehmen 36 Mrd. DM im Ausland, aber nur 4 Mrd. DM wurden von ausländischen Firmen in Deutschland investiert. Seit mehr als einem Jahrzehnt haben wir ein starkes Defizit an ausländischen Investitionen in Deutschland im Vergleich zu den Summen, die wir rausgeben. Mit anderen Worten, wir exportieren Arbeitsplätze, ohne sie im gleichen Umfang zu importieren.

In diesen Zusammenhang gehört auch die Frage, ob wir im Rahmen der europäischen Integration unser Modell der Sozialleistungen und der Mitbestimmung einfach auf andere Länder übertragen können. Meines Erachtens sollten wir uns davor hüten, das deutsche System als die optimale Lösung gegenüber unseren Nachbarn darzustellen. Wir können es nicht Engländern, Franzosen oder Spaniern übelnehmen, wenn diese sich unter Hinweis auf kulturelle, historische oder andere Gründe ablehnend verhalten. Jedes Land muß selbst entscheiden, welches Sozialsystem es aufbauen will. Das ist auch eine Angelegenheit der jeweils dortigen Arbeitgeber und Gewerkschaften.

Noch eine letzte Bemerkung zu den Äußerungen von Frau Wulf-Mathies: Sie können davon ausgehen, daß ich alles, was ich hier zur Mitbestimmung sage, genauso im Ausland oder vor Unternehmen vertrete.

MONIKA WULF-MATHIES: Ich möchte nochmals auf das Thema „Widerspruch zwischen Worten und Taten" zurückkommen und dazu einige Bemerkungen machen.

Erstens: Es ist hier von den Vertretern der Arbeitgeber gesagt worden: „Nun laßt doch den armen Ländern im Osten und Süden ihren einzigen Wettbewerbsvorteil, nämlich niedrige Löhne." Die Themen Infrastruktur, Qualifikation, Marktnähe kommen bei ihnen ohnehin nicht vor. Irgendwo liegt da ein Denkfehler. Wenn ich den Arbeitgebern glaube, daß alleine die Marktöffnung schon das beste Sozialprogramm sei, dann müßte dieser Vorteil sehr schnell weg sein: Dann müßten ja von alleine die

Löhne dort steigen – und dann wäre der einzige Wettbewerbsvorteil weg. Und an dieser Stelle frage ich: Gehen die Unternehmen dann auch wieder weg? Genau das sind nämlich die Erfahrungen der Gewerkschaften: Die Unternehmen nutzen kurzfristige Wettbewerbsvorteile, ohne damit eine dauerhafte Entwicklungsarbeit zu leisten. Für arme Regionen muß ein Gesamtkonzept her, mit dem eben auch die Infrastruktur und die regionalen Investitionen verbessert werden, damit insgesamt die Chancen für ein Aufholen gegeben sind und damit nicht nur kurzfristig der Wettbewerbsvorteil „niedrige Löhne" ausgebeutet werden kann.

Und wenn wir uns in Spanien umsehen, stellen wir fest, daß die Wirtschaft dort boomt und gleichzeitig der Unterschied zwischen Arm und Reich steigt und die Arbeitslosigkeit nicht abgebaut wird. Und das wiederum bedeutet, daß es nicht ausreicht, allein die niedrigen Löhne zur Grundlage Ihres Handelns zu machen, sondern daß wir nicht umhinkommen, eine vernünftige regionale und sektorale Strukturpolitik (auch mit Unterstützung durch die Europäischen Strukturfonds) zu machen. Ich habe dann nichts dagegen, daß regional über das entschieden wird, was für die Region am besten ist. Aber das Geld muß zentral aufgebracht werden, denn die armen Regionen können sich schlecht am eigenen Schopf aus dem Sumpf ziehen.

Zweitens: Die Arbeitgeber sind sehr stolz darauf, aus der Entwicklung in Osteuropa den Schluß ziehen zu können, die zentrale Planwirtschaft habe versagt. Da stimme ich ihnen zu. Mein Problem ist aber, daß der Markt ebenfalls versagt: Es wird noch immer zu wenig investiert. Die Industrie wartet darauf, bis der Staat die Infrastruktur bereit stellt, die Investitionen erst lukrativ macht. Ich bin für Dezentralisierung und für die Umsetzung des Subsidiaritätsprinzips: unter Einbeziehung aller politischen und gesellschaftlichen Kräfte. Man kommt doch aber nicht umhin, festzustellen, daß in der Aufgabe „Heranführung der neuen Bundesländer an die wirtschaftlichen und sozialen Standards des Westens" der Markt versagt hat. Und daraus wiederum muß man doch den Schluß ziehen, daß der Abbau der regionalen Disparitäten in Europa nicht nur mit marktwirtschaftlichen Mechanismen zu bewältigen ist. Ich bin schon dankbar, daß die deutsche Industrie jetzt in den neuen Bundesländern auch für Qualifizierungsgesellschaften, für Beschäftigungsprogramme und für eine bessere Finanzierung der öffentlichen Infrastruktur eintritt – wenn sie logisch bleiben will, müßte sie aber aufgrund der Erfahrungen in der ehemaligen DDR sagen, daß genau solche Strukturprogramme auch in Europa nötig sind, um die regionalen Disparitäten zu mindern.

Drittens: Die Arbeitgeber haben hier gesagt, der soziale Dialog sei fürchterlich wichtig. Sie haben auch ein sehr positives Bild der Mitbestimmung gezeichnet. Wenn sie das aber auch außerhalb Deutschlands und außerhalb gewerkschaftlicher Veranstaltungen sagen würden, hätten sie durchaus Überzeugungskraft bei ihren Unternehmerkollegen in Europa – ich wäre ihnen dankbar, wenn sie als Multiplikatoren tätig würden. Ich stelle allerdings fest, daß die Arbeitgeber zwar verbal für den sozialen Dialog eintreten, daß sie sich aber weigern, ihn mit einer gewissen Verbindlichkeit sowohl hier als auch in Europa zu praktizieren. Immer noch gibt es in vielen Bereichen keine paritätischen Ausschüsse, und in denen, die existieren, reden sie zwar, aber immer, wenn es konkret wird, wenn es um Investitionen, um Tarifvertragsnormen, um Arbeitszeit und soziale Schutzvorrichtungen geht, sagen die Arbeitgeber, daß man das vor Ort regeln müsse. Zum Beispiel bei der Frage der „Euro-Betriebsräte“: Wenn sie sagen, jeder müsse wissen, was für ihn richtig ist und deswegen solle das vor Ort, im einzelnen Betrieb geregelt werden, heißt das doch, daß dort, wo die Arbeitslosigkeit hoch ist oder wo die Gewerkschaften schwach sind, die Arbeitgeber bestimmen, was laufen darf oder nicht. Bestenfalls dort, wo wir stark sind, haben wir die Möglichkeit, uns durchzusetzen. Deshalb geht es mir um Verbindlichkeit und um Gleichwertigkeit. Das heißt nicht, daß die Welt am deutschen Wesen genesen soll und auch nicht am deutschen System der Mitbestimmung. Aber wir wollen, daß Mitbestimmung überall, in welcher Form auch immer, die gleiche Qualität hat: Das bedeutet „Gleichwertigkeit“. Und genau darum geht es uns. Deshalb: Solange die Arbeitgeber nicht ganz konkret beim sozialen Dialog, bei den „Euro-Betriebsräten“ bereit sind, Verbindlichkeit und Gleichwertigkeit zuzugestehen, sind das, was sie sagen, im Grunde nur freundliche Lippenbekenntnisse.

INGRID BRANDENBURG: Wir befinden uns in einem einmaligen Prozeß der Geschichte. In kurzer Zeit wird eine Gesellschaftsstruktur radikal geändert. Dies geschieht auf dem Gebiet der ehemaligen DDR, auf dem Gebiet der alten Sowjetunion und in den anderen osteuropäischen Staaten. Niemand in Europa kann im Umgang mit derart tiefgreifenden Brüchen auf Erfahrungen zurückgreifen. Die Einführung einer Marktwirtschaft ist mit unermeßlichen Schwierigkeiten verbunden. Die Entwicklung in den ostdeutschen Bundesländern bildet dabei nur einen kleinen Ausschnitt dessen, was insgesamt durch die Umgestaltung Osteuropas auf uns zukommt. Deshalb halte ich es für besonders wichtig, daß wir von Gesamteuropa sprechen – einschließlich unserer osteuropäischen Nachbarn. Wir dürfen unser Europabild nicht auf die Mitglieder der EG verkürzen.

Unter diesem Blickwinkel stellt der Umbau in den neuen Bundesländern ein Modell dar, das im östlichen Ausland intensiv verfolgt wird. Damit dieses Modell gelingen kann, brauchen wir eine Art Pakt. Es geht nicht nur um die Umstellung einer zentralistisch geleiteten Wirtschaft auf marktwirtschaftliche Regeln. Vielmehr stehen wir im Umbruch einer ehemals zentralistisch strukturierten Gesellschaft. Wir haben keine Erfahrung. In den Ex-DDR-Gebieten gab es vierzig Jahre lang zentralistische Planung. Davor hatten wir Faschismus. Uns fehlen Erfahrungen in Demokratie. Wir sind genauso hilflos diesem Umbruch ausgeliefert wie die Menschen in Polen, Ungarn oder der Tschechoslowakei. Im Gegensatz zu den südeuropäischen Ländern wie etwa Portugal, die besondere Annäherungsmodalitäten erhalten haben, ist dies bei uns in Ostdeutschland aus innen- und außenpolitischen Gründen alles viel schneller abgelaufen.

Heute liegt ein Jahr an neuen Erfahrungen hinter uns. Ich plädiere dafür, daß wir uns nun in ein konstruktives Gespräch über die nächsten Schritte begeben. Obwohl wir nicht ein anderes Land als Vorbild heranziehen können, wäre zu überlegen, ob es Möglichkeiten gibt, sich den von Raffaele Morese dargelegten Regelungen für den Mezzogiorno anzunähern.

Ansprechpartner für dieses konstruktive Gespräch ist in erster Linie die Gewerkschaft. Denn unser Mißtrauen gegenüber Parteien hat nicht absondern zugenommen. Ziel des Dialoges müßte es sein, regionale Strukturentscheidungen und Regionalplanungen zu treffen. Wie soll ein Unternehmen zu einer Investition bewegt werden, wenn keine klaren Vorstellungen über die zukünftigen Entwicklungen in den neuen Bundesländern vorhanden sind. In diesem Sinne brauchen wir für unsere Länder temporäre, stützende Regelungen.

RAFFAELE MORESE: Mit einer Bemerkung möchte ich in die Diskussion eingreifen. Ich habe immer wieder gehört, einer der Gründe, warum ausländische Unternehmen nicht in Ostdeutschland investieren, läge in der dort eingeführten Mitbestimmungsregelung. Seit fast vierzig Jahren erfahre ich immer wieder, daß deutsche Firmen nicht im italienischen Mezzogiorno ihr Geld anlegen wollen. Da wir dort jedoch gerade keine Mitbestimmung hatten, kann die Beteiligung der Beschäftigten kein wirklich durchgreifendes Argument sein.

LUTZ GÖTZE: Ich möchte auf das Stichwort ‚Wohlstandsgefälle' eingehen. Meines Erachtens müssen wir den Blick deutlich über die Grenzen Europas hinauswenden. Wenn wir in den reichen Ländern Europas nicht beginnen umzudenken, wenn wir nicht in kurzer Zeit unser Wirtschafts- und Sozialgebaren ändern, werden wir mit weltweiten Wanderungsbewegungen konfrontiert, von deren Dimensionen wir uns heute noch keine Vorstellungen machen. Die Wanderungen aus dem Osten in Richtung Westeuropa wie auch der Zuzug von Spätaussiedlern hat schon erhebliche Probleme verursacht. Vor dem Hintergrund weltweiter Bewegungen bleibt dies jedoch ein kleiner Punkt. Wir schätzen, daß in den kommenden zehn bis fünfzehn Jahren fünfzig Millionen Menschen oder mehr ihre Wanderung in Richtung auf die reichen Zentren des Nordens beginnen. Dies wird vorwiegend aus ökologischen Gründen oder wegen des Hungers geschehen. Die Zahl politischer Flüchtlinge wird auf eine marginale Größe zurückgehen.

Bislang reagiert der Norden und insbesondere Westeuropa darauf mit protektionistischen Maßnahmen. Zu erkennen ist diese Haltung ebenfalls in der GATT-Runde, im Agrarmarkt. Hier findet sich ein Protektionismus der Reichen. Mich beunruhigt zudem, daß durch politische Regelungen Europa zu einer ‚Festung' abgeschottet wird. Ich denke an die Wirkungen des ‚Schengener Abkommens'. Wenn wir als Antwort auf die Herausforderungen nur die Abgrenzung der Armen parat haben, werden wir erhebliche Sozialkonflikte globalen Ausmaßes erleben.

Ich wende mich mit meiner Forderung an Arbeitgeber und Gewerkschaften gleichermaßen, politische Ansätze zu entwickeln, die zu einer Überwindung der Abgrenzungen beitragen. Trotz eines mehr als ein Jahrzehnt andauernden Nord-Süd-Dialoges ist der Abstand zwischen reich und arm größer geworden. Der Süden verlor Zug um Zug. Wir brauchen eine neue Gestaltung der globalen Wirtschaftsordnung, eine Bereitschaft zum Teilen. Der Markt allein regelt das nicht. Notwendig ist ein Sozialpakt zwischen Nord und Süd im Sinne einer gerechten Weltwirtschaftsordnung.

Wenn wir das nicht begreifen und umlernen, hinterlassen wir unseren Kindern eine Welt mit verheerenden Sozialkonflikten.

MONIKA WULF-MATHIES: Osteuropa und die Sowjetunion befinden sich mitten in einem längeren Prozeß des Wandels – dieser Prozeß hat schon lange vor dem der deutsch-deutschen Vereinigung begonnen und verläuft nicht so dramatisch schnell, wie das in unserem Land der Fall war.

Ehrlicherweise müssen wir sagen, daß es keine Modelle zur Lösung der anstehenden Probleme gibt: Wir haben noch nie faktisch zwei Systeme zur Deckung bringen müssen, wir haben bislang kein zentralistisches System mit Demokratie und Marktwirtschaft in Übereinstimmung bringen müssen – und deshalb sind wir alle auch ein Stück weit überfordert, und deshalb tasten und suchen wir alle. Niemand hat die Patentlösung – auch die Gewerkschaften nicht. Deshalb müssen wir alle bei Herausforderungen wie der europäischen Einigung – oder, als kleiner Beispielfall, bei der deutsch-deutschen Einigung – mehr aufeinander hören, und deshalb brauchen wir auch so etwas wie einen „Sozialpakt“.

Denn ökonomisch ist es zunächst einmal nicht nötig, in den neuen Bundesländern zu produzieren – rein betriebswirtschaftlich betrachtet ist es möglich, die Bevölkerung dort aus der Produktion der alten Bundesländer industriell zu versorgen. Ich hoffe aber, daß wir das alle politisch nicht wollen. Wir wollen doch alle den Standort „Ost“ nicht kaputtmachen, auch wenn es ökonomisch Sinn machen würde. Wenn dies Konsens ist, ist es aber doch gleichzeitig die erste Sünde wider die Marktwirtschaft: Wir tun etwas, was der Markt allein nicht bewerkstelligen kann. Wenn das so ist, müßte es eigentlich etwas leichter sein, darüber zu reden, wie man nun wirklich Staat, Wirtschaft und Gewerkschaften an einen Tisch setzt und gemeinsam überlegt, wie man die Wirtschaft ankurbeln kann.

Im Hinblick auf die Finanzierung der anstehenden Maßnahmen deuten wir mit dem Zeigefinger auf verschiedene Gruppen – nicht zu Unrecht auch auf die westdeutschen ArbeitnehmerInnen: auch die haben natürlich Angst vor Wohlstandsverlust. Was mich bei der Finanzierung stört, ist die Tatsache, daß die Finanzierungsmodelle letztendlich von einer konservativen Regierung eher in Übereinstimmung mit Wirtschaftsinteressen gemacht werden. Die große Mehrheit der ArbeitnehmerInnen zahlt, ohne daß sie die Chance hat, über das, was sie bezahlt, mitzureden.

Die Opferbereitschaft, an die immer wieder so viele appellieren, wäre mit Sicherheit dann größer, wenn wir wüßten, daß unsere Solidaritätsbeiträge tatsächlich den Menschen in den neuen Bundesländern zugute kommen und nicht die Gewinne in Westdeutschland noch höher schrauben. Es muß sichergestellt sein, daß die, die leistungsfähiger sind, sich in entsprechendem Umfang beteiligen und daß über das, was finanziert wird, mitgeredet werden kann – dann gäbe es auch ein anderes Klima. Dann könnte man sich auch darauf verständigen, daß im Bereich Ökologie und umweltfreundliche Technologien in den neuen Bundesländern noch mehr als bei uns brach liegt – Investitionen hier kämen auch der Wettbewerbsfähigkeit unserer gesamten Volkswirtschaft zugute. So sehr ich im Sinne von Herrn Weiss dafür bin, möglichst viel dezentrales Handeln zu ermöglichen: Ich denke, wir müssen uns gemeinsam mit den sehr unterschiedlichen Industriestandorten in den neuen Bundesländern auseinandersetzen. Wir müssen uns überlegen, ob, in welchem Umfang und unter welchen ökologischen Auflagen zum Beispiel die Chemieindustrie aufrecht erhalten werden kann. Wir müssen uns überlegen, was wir im Braunkohlebereich und zur besseren Entwicklung von Dienstleistungen tun können. Und schließlich müssen wir uns überlegen, wie wir das alles dann auch noch regional etwas aussteuern können, damit es nicht nur Sachsen besser geht, sondern auch Mecklenburg-Vorpommern, wo wir Seeschiffahrts-, Werften- und Hafenprobleme haben.

Das heißt doch aber dann auch – Ideologie her oder hin – daß der Staat mit im Boot sitzen muß, wenn es darum geht, in den fünf neuen Bundesländern, in Osteuropa und in den armen Regionen Westeuropas

Adenauer

Industrie- und regionale Strukturpolitik zu machen. Der Markt alleine wird hier versagen und tut es bereits jetzt. Wir brauchen regionale Konzepte und Strukturprogramme. Wenn wir bis zu diesem Punkt übereinstimmen, könnten wir uns vielleicht auch leichter darüber einigen, was tatsächlich zentral entschieden werden muß und was man vor Ort im sozialen Dialog machen kann.

GABRIEL PUENARO: Ich komme aus Rumänien und bin Vizepräsident der antikommunistischen Gewerkschaftskonföderation ‚Brüderschaft' sowie Mitglied des Nationalrates des rumänischen Gewerkschaftsbundes. In meiner Gewerkschaft sind insbesondere Ingenieure, Physiker, Techniker, Wissenschaftler und spezialisierte Facharbeiter.

In den Beratungen erkenne ich viele Probleme wieder, mit denen wir uns auch in Rumänien beschäftigen. Zwischen Deutschland und Rumänien ergaben sich in Vergangenheit und Gegenwart viele verschiedene Beziehungen. In unserem Land stehen wir vor großen Schwierigkeiten. Die Petrochemie, Bergwerke und die Metallindustrie müssen dringend modernisiert werden. Auf dem Weg in die Marktwirtschaft verteidigen wir die errungenen demokratischen Rechte. Wir brauchen ökonomische Stabilität, soziale Schutzrechte im Betrieb und einen Abbau der Arbeitslosigkeit. Mit Deutschland verknüpfen wir angesichts unserer Probleme viele Hoffnungen.

Ein besonderes Thema innerhalb unseres Staates ist das Verhältnis zwischen Rumänen und Deutschen. Die Deutschen bilden in Siebenbürgen und in anderen Landesteilen eine bedeutende Minderheit. Die ethnischen Beziehungen waren immer gut. Nun verändern sie sich. Viele Menschen suchen soziale Sicherheit in Deutschland. Unser Bestreben ist es, sie zu halten und für ein weiteres friedvolles Zusammenleben in der alten Heimat zu gewinnen. Dazu müssen sie Hoffnung auf eine soziale Perspektive und garantierte Arbeitsplätze bekommen.

Ich würde mich freuen, Sie alle einmal auf einer entsprechenden, internationalen europäischen Konferenz in Bukarest begrüßen zu können.

Heinz-Werner Meyer

Macht und Ohnmacht

Über Macht und Ohnmacht internationaler Solidarität zu sprechen, und vor allem: darüber nachzudenken, kann sehr ernüchternd wirken; vor allem dann, wenn man sich nicht nur mit dem Verhalten anderer, der Regierungen, der UNO, der NATO, der Weltbank beschäftigt, sondern mit dem eigenen Verhalten.

Was verstehen wir eigentlich unter internationaler Solidarität? Ich glaube, daß jeder von uns unterschiedliche Akzente setzen würde. Mein Versuch einer Umschreibung ist folgender:

Erstens: Solidarität setzt intensive Beschäftigung mit der Situation von Menschen in anderen Teilen Europas und der Welt voraus.

Zweitens: Solidarität bedeutet Information über die Situation dieser Menschen und damit die Herstellung von Öffentlichkeit. Das ist das Gegenteil von Verschweigen, unter den Teppich kehren und Verdrängen. Öffentlichkeit ist eine wichtige Macht internationaler Solidarität. Diktatoren und Folterknechte scheuen das Licht, das in die Verhörzellen und Todeslager dringt. Sie scheuen es, wenn Namen und Fakten genannt werden. Amnesty International, Bürgerinnen und Bürger, die das auf den ersten Blick schwache, aber doch so wirkungsvolle Mittel des geschriebenen und gesprochenen Wortes anwenden, haben mehr zur Wahrung der Menschenrechte geleistet, als die meisten Resolutionen.

Drittens: Solidarität ist handlungsorientiert, erschöpft sich nicht in Resolutionen oder Transparenten. Sie bedeutet Hilfe! Jede Einzelspende kann aktuelle Not lindern, weitergehende Hilfe und Unterstützung beim

Aufbau von Produktions- und Sozialstrukturen können im günstigen Fall einen Entwicklungsprozeß in Gang setzen.

Viertens: Solidarität berücksichtigt die Interessen der anderen, der schlechter gestellten und will sie beim eigenen Handeln einbeziehen. Daraus ergibt sich in aller Regel, daß eigene Interessen zurückgestellt werden müssen, wenn Solidarität wirklich ernst gemeint wird.

Fünftens: Wirkliche Solidarität ist unteilbar, sie gilt dem einzelnen Menschen, unabhängig von seiner Religion und seiner Weltanschauung. Sie muß auch den Ausländern, den Flüchtlingen und Asylsuchenden gelten, die *hier* unter uns leben.

Wie immer internationale Solidarität definiert wird – wichtig sind die selbstkritischen Fragen: Auf welche internationalen Vorgänge reagieren wir? Wann reagieren wir und warum reagieren wir?

Viele von uns, *einige hunderttausend*, haben gegen den Einmarsch Saddam Husseins in Kuweit und gegen den Krieg am Golf protestiert. Als die Kurden an der Grenze zur Türkei erfroren und verhungert sind, haben *einige hundert* demonstriert. Das eine Mal hatten wir Angst, wir könnten Betroffene von Weltkrieg und Umweltkatastrophe werden. Das andere Mal waren wir nur Beobachter, die das menschliche Elend bedauerten. Der Unterschied war: Niemand in Europa muß sich durch das Leiden der kurdischen Flüchtlinge bedroht fühlen.

Das gleiche gilt für die Hunger- und Seuchengebiete in Bangladesch, Äthiopien, Kolumbien und anderen Ländern, in denen die Verelendung der Menschen zunimmt.

Es gibt die These, das vergangene Jahrzehnt, das in den westlichen Industrieländern nachhaltiges Wachstum und eine spürbare Wohlstandssteigerung für viele gebracht hat, sei entwicklungspolitisch ein verlorenes Jahrzehnt.

Die UNO-Ziele für Entwicklungshilfe sind immer noch nicht erreicht. Viele Entwicklungsländer – und dort gerade die arme Bevölkerung – leiden unter den Auflagen internationaler Wirtschaftsorganisationen. Eine Wende bei der Vermarktung ihrer Produkte ist noch nicht in Sicht. Innerhalb der letzten zehn Jahre mußten mehr als 70 Länder Umschuldungsverhandlungen mit dem Internationalen Währungsfonds aufnehmen.

Das Ziel der damit verbundenen Auflagen und Anpassungsprogramme, nämlich die Verbesserung der Kreditwürdigkeit, wurde jedoch in den meisten Fällen nicht erreicht. Es müssen heute mehr Dollar an die Gläubiger überwiesen werden, als an Neukrediten gewährt werden. Davon werden gerade die ärmsten Bevölkerungsschichten durch wachsende Arbeitslosigkeit, Reallohnsenkungen und gekürzte Sozialausgaben besonders hart getroffen.

Daß auch wir davon betroffen sind, daß unsere eigene Anfälligkeit wächst, *verdrängen* wir gerne. Wir *verdrängen*, daß Europa, daß der atlantische Norden auf Dauer keine Inseln des Wohlstandes in einem Meer des Hungers sein können. Wir *glauben*, auf ewig privilegiert leben zu können. Das ist ein Irrtum. So hoch und so breit können wir die Deiche nicht bauen, als daß sie von den Flüchtlingen schließlich nicht doch überspült würden.

So viel polizeiliche Ordnungsmacht können wir gar nicht einsetzen, wie wir brauchen würden, um die Hungernden in Schach zu halten. Das „Lied vom Theilen" – mit h – bekommt von daher eine ganz neue Dimension.

Aber wo sind die Konsequenzen aus dem Bericht der Nord-Süd-Kommission? Wie steht es mit der Friedensdividende, mit dem durch Rüstungskontrolle und Entspannung zwischen Ost und West eingesparten Geld?

Warum fördern wir nicht die Entwicklung in den armen und ärmsten Ländern? Wo bleibt der Reichtumstransfer in die Armutszonen? Noch sind Milliarden Menschen gezwungen, aus nackter Not ihre und unsere Umwelt zu zerstören.

Tatsache ist aber auch: Von den für die Entwicklungsländer schlechten Austauschverhältnissen, von den sogenannten Terms of trade des Weltmarktes, profitieren *wir* in den Wohlstandsinseln.

Wir alle profitieren vom notorischen Preisverfall der Rohstoffe. Unser aller Wohlstand beruht zu einem Teil darauf, daß es – weit entfernt – Produktionshinterhöfe gibt, in die kein Mitbestimmungsgesetz, keine Arbeitszeitordnung und keine Tarifvereinbarung hineinreichen.

Dieser Aspekt ist mir in der sogenannten Systemdebatte zu kurz gekommen. Es ist zwar richtig, aber es genügt nicht, zu sagen, die Marktwirtschaft habe gesiegt, ohne hinzuzufügen, daß ein Teil dieser Überlegenheit zu Lasten der Dritten Welt geht und ein anderer Teil zu Lasten unserer Umwelt und damit unserer *Zukunft*.

Solidarität mit denen, die *nach uns* kommen, kann doch wohl nur heißen, zurückhaltender zu sein mit dem Verbrauch von Ressourcen. Wir müssen das Zurücklassen ökologischer Zeitbomben, die Jahrzehnte und länger wirken, stoppen.

Das sogenannte westliche System steht jetzt vor seiner *eigentlichen* Bewährungsprobe: weltweit und europäisch. Europa ist so lange nicht vereinigt, so lange der eine Teil hungert und der andere Teil im Überfluß lebt. Den Menschen in Ost- und Mitteleuropa zu helfen; dort zu investieren und weltmarktfähige Produktionsstrukturen zu schaffen – *darin* kann sich Überlegenheit zeigen.

An *dieser* Einigung Europas mitzuwirken, sollte für das, wie es Thomas Mann genannt hat, „europäische Deutschland" eine besondere Verpflichtung sein. Dies nicht zuletzt vor dem Hintergrund, daß der wahnwitzige Versuch, ein deutsches Europa zu schaffen, am Anfang der Teilung unseres Kontinents stand.

Solidarität ist unteilbar. Wir tun uns schwer mit diesem Anspruch. Mancher, der gegen den schmutzigen Krieg in Vietnam demonstriert hatte, blieb stumm, als die vor der kommunistischen Diktatur flüchtenden Menschen in ihren Booten auf dem Meer trieben.

In Soweto und auf dem Platz des himmlischen Friedens wurden die gleichen Verbrechen begangen! Menschenrechtsverletzungen im Nicaragua der Sandinisten sind nicht weniger schlimm als Menschenrechtsverletzungen der Somoza-Diktatur.

Mancher, der gegen Saddam Husseins Drohung mit Giftgas protestierte, hatte die Giftgaseinsätze gegen den Iran wenige Jahre zuvor kaum zur Kenntnis genommen.

Diese Liste ließe sich fortsetzen. Internationale Solidarität, die einäugig ist, macht unglaubwürdig. Die Lehre aus den Friedensaktionen dieses Winters, an denen wir teilgenommen haben, muß sein, daß wir uns in Zukunft gegen *alle* Verletzungen von UN-Resolutionen und *alle* Verletzungen von Menschenrechten mit gleicher Intensität wenden müssen.

Dies betrifft auch unser Verhältnis, unsere Solidarität mit Israel. Wir sind Israel näher gerückt in den Bombennächten, aber es muß erlaubt

Heinz-Werner Meyer

sein, zu sagen, daß auch Israel Hindernisse wegräumen muß, die einem Frieden im Nahen Osten entgegenstehen und keine neuen Hindernisse schaffen darf.

Bisher habe ich von Solidarität gesprochen, ohne diesen Begriff auf die Arbeiterbewegung zu beziehen, die ihn schließlich geprägt und zu ihrem Markenzeichen gemacht hat. Wie steht es mit Anspruch und Wirklichkeit internationaler Solidarität innerhalb der Arbeitnehmer und ihrer Gewerkschaften?

„Gefühle der Solidarität" sollen es sein, die eine freie demokratische Gewerkschaftsbewegung vereinen. So jedenfalls finden wir es in einer Erklärung des Internationalen Bundes Freier Gewerkschaften 1986 formuliert. Ich zitiere: „Als weltweite Organisation mit 144 Mitgliedsorganisationen in 99 Ländern und 82 Millionen Mitgliedern nimmt der IBFG eine Position ein, die ihn besonders dazu befähigt, dafür Sorge zu tragen, daß die Gefühle der Solidarität, die die freie demokratische Gewerkschaftsbewegung vereinen, in einem konzentrierten Druck auf alle Regierungen zum Ausdruck kommt, insbesondere auf diejenigen, denen besondere Verantwortung im Blick auf die fortgesetzte Weltwirtschaftskrise zukommt."

Wie aber lassen sich „Gefühle der Solidarität" so konkret umsetzen, daß sie nicht zum formelhaften Wunschtraum einer Bewegung werden, den sie anläßlich ihrer Feiertage auf Transparente schreibt während sie im Alltag in der nationalen Wagenburg verharrt?

Die Arbeiterbewegung ist im letzten Jahrhundert mit einem Programm nationaler und internationaler Solidarität angetreten. Im Denken und in der Theorie waren dies zwei Seiten einer Medaille. Ist es aber nicht so, daß diese Bewegung heute sehr viel nationaler handelt als beispielsweise die Führungsebenen großer Unternehmen? Ist es nicht so, daß die solidarische Interessenvertretung in den Industrieländern gut gelungen ist, während die internationale Solidarität, die internationale Gewerkschaftsbewegung, nicht viel mehr ist als ein Papiertiger, eine Organisation, die Informationen und Grußadressen austauscht? Wobei sie noch beim Zweiten besser funktioniert als beim Ersten?

Mit ihrer Idee einer sozialen Demokratie haben die Gewerkschaften im nationalen Rahmen die Konkurrenz der einzelnen Arbeiter durch solidarischen Zusammenschluß überwunden. Einzel- und Gruppeninteressen gab und gibt es auch dort. Aber es wird uns auch von Kritikern kaum bestritten, daß es die historische Leistung der Gewerkschaftsbewegung ist, für die Schwachen besonders viel erreicht zu haben.

– *Solidarische Lohnpolitik*: Im Unterschied zu einer Reihe von anderen Ländern haben wir nie einen gesetzlichen Mindestlohn gebraucht. Die Starken, die Widerstandsfähigeren unter den Arbeitnehmern haben nicht nur für sich, sondern für *alle* etwas erreicht.

– *Sozialpolitik* ist praktizierte Solidarität, denn die Sicherungssysteme sind auf die Schwachen zugeschnitten, die sich nicht selbst helfen oder sich privat versichern können.

– *Betriebsratsarbeit* lebt davon, daß sich die Leistungsfähigsten engagieren und andere mitziehen.

– In der *Struktur- und Regionalpolitik* haben wir dazu beigetragen, daß im Westen Deutschlands über 40 Jahre hinweg und trotz struktureller Krisen relativ homogene Lebensverhältnisse entstanden sind. Und ich bin zuversichtlich, daß uns dies auch im Osten gelingen wird. Auch das bedeutet, daß wir *teilen*, daß wir im Westen auf Wohlstand verzichten müssen.

International gesehen hat die Arbeiterbewegung – wobei ich hier Gewerkschaften und Parteien einschließe – mit einem Fehlstart begonnen. Vor dem 1. Weltkrieg war die internationale Antikriegskoalition das Papier nicht wert, auf dem sie verabredet stand.

In der Folgezeit haben wir zwar imposante Organisationen aufgebaut mit vielen Millionen Mitgliedern, über deren tatsächliche Durchsetzungsfähigkeit ich in diesem Kreis nicht viel sagen muß.

Zunächst einmal: Sie haben kaum Kompetenzen und nur wenig Mittel. Zu Recht werden wir schon gefragt, welche Kompetenzen wir an den EGB abgeben wollen, wenn wir auf der anderen Seite die Stärkung des EG-Parlaments zu Lasten der nationalen Regierungen fordern.

Und wir müssen uns auch selbst befragen und prüfen:

Erstens: Reicht es aus, was wir an Informationen über die Lage in anderen Ländern der Welt aufbereiten und weitergeben? Nur wer informiert ist, was anderswo geschieht, kann handeln, also z.B. Produktionsverlagerungen verhindern oder erschweren. Aber internationale Zusammenhänge kommen in der Gewerkschaftspresse immer noch zu wenig vor. Dabei gibt es durchaus gute Ansätze. Sie bleiben manchmal leider im Verborgenen, z.B. das Nord-Süd-Netz des DGB, die Vernetzung örtlicher Dritte-Welt-Gruppen.

Zweitens: Reicht es aus, was wir an Geld und know-how für die Unterstützung beim Aufbau von freien Gewerkschaften überall in der Welt und von internationalen Gewerkschaftsorganisationen aufbringen? Es sind für den DGB nicht viel mehr als drei Pfennig pro Monat und Mitglied.

Wir haben uns vor einem Jahr durch Kongreßbeschluß verpflichtet, die Interessen der Arbeitnehmerinnen und Arbeitnehmer in Ost- und Mitteleuropa gegenüber den eigenen Regierungen und vor den internationalen Foren zu Gehör zu bringen. Das tun wir – in diesem Augenblick vor der internationalen Arbeitsorganisation in Genf. Aber Solidarität darf sich darin nicht erschöpfen. Sie muß materiell und konkret sein, und dann geht sie zu Lasten nationaler Aktivitäten.

Drittens: Reicht es aus, was wir innerhalb europäischer und internationaler Konzerne an konkreter Zusammenarbeit aufgebaut haben?

Die Forderung an den europäischen Gesetzgeber, die notwendigen Instrumente der Kooperation, also Eurobetriebsräte und Informations- und Konsultationsorgane zur Verfügung zu stellen, ist richtig. *Nicht* richtig ist es, *nur* auf den Gesetzgeber zu warten.

Es gibt die Möglichkeit, auch ohne gesetzliche Grundlage Konzernausschüsse aufzubauen. Dabei stehen wir erst ganz am Anfang, mit der Folge, daß die Unternehmen weiter die einen gegen die anderen ausspielen und von der Standortkonkurrenz profitieren.

Viertens: Die Macht internationaler Solidarität wurde mit Verhaltenskodexen unter Beweis gestellt, die für deutsche Konzerne in Südafrika ausgehandelt und durchgesetzt wurden. Mit Druck auf die Konzernspitzen wurde erreicht, daß die südafrikanischen Töchter Gewerkschaftsrechte beachten und Gewerkschaften anerkennen.

Überhaupt darf nach meinem Eindruck der Beitrag internationalen Drucks auf den politischen Wandel in Südafrika nicht gering geschätzt werden. Internationale Solidarität hat wesentlich dazu beigetragen, daß das rassistische Regime zurückweicht. Aber wie lange hat dies gedauert? Und welche Opfer in Südafrika hat es gefordert?

Das Europäische Gespräch 1991 beleuchtete die Situation Deutschlands in Europa, die Situation eines *vereinigten* Deutschlands in einem *veränderten* Europa. Das Thema, das mir gestellt wurde, weist darüber hinaus.

Aber das ist kein Grund, den besonderen Aufgaben der Deutschen in Europa nicht abschließend noch den einen oder anderen Gedanken zu widmen, auch auf die Gefahr hin, daß ich manches wiederhole, was schon gesagt wurde. Die Bundesrepublik, früher der Osten des Westens, ist in die Mitte Europas gerückt. Wir Deutschen, leben – ich glaube zum ersten Mal in unserer Geschichte – mit allen unseren Nachbarn in Frieden.

Wir Deutsche haben jetzt mitzuwirken an der Aufgabe, unseren östlichen Nachbarn – Polen, der CSFR, Ungarn – den Weg in die EG zu ebnen. Dies ist die Aufgabe der 90er Jahre, so wie es die Aufgabe der 70er und 80er Jahre war, Spanien, Portugal und Griechenland zu integrieren. Die deutsche Mark, die deutsche Wirtschaft insgesamt gehören dazu auf den Prüfstand. Daß sie ins Kreuzverhör, wie es auf einem der Foren hieß, oder gar auf die Anklagebank gehört, das ginge mir etwas zu weit.

Wir Deutsche haben allen Grund zur *Solidarität* mit unseren Nachbarn in West und Ost, in Süd und Nord. Europa hat *Ja* gesagt zur deutschen Einigung – in einer Einmütigkeit und Klarheit, wie ich es nicht zu hoffen gewagt hätte. Am Anfang des Weges zur deutschen Einheit, der später über Budapest, Leipzig, Paris, London, Moskau und Washington führte, stand Danzig. Lech Walesa und die Arbeiter der Lenin-Werft haben den ersten der Pfeiler weggeschlagen, auf denen das Gebäude des Stalinismus ruhte.

Wir haben allen Grund, nach *Gemeinsamkeiten* mit unseren Nachbarn zu suchen, denn ohne Gemeinsamkeit und Zusammenarbeit ist immer weniger zu bewegen. Der berechtigte Wunsch der Menschen nach einer lebenswerten Heimat darf nie mehr für bornierte nationale Strategien mißbraucht werden.

Arbeitnehmerinnen und Arbeitnehmer sind mit ihren Gewerkschaften in der Region verankert. Sie stehen aber gleichzeitig in einem weltweiten Handels- und Produktionsverbund. Wer es versäumt, beiden Realitäten in gleichem Maße Bedeutung beizumessen, beschwört entweder einen lebensfernen Internationalismus oder schlägt sich mit der Blindheit nationalstaatlicher Kirchtumspolitik.

Ich plädiere für eine ganzheitliche Wahrnehmung unserer Verantwortung, ich plädiere für eine Ausweitung unserer solidarischen Interessenvertretung.

Anhang

Konferenz der KSZE-Staaten

Charta für ein neues Europa

Wir, die Staats- und Regierungschefs der Teilnehmerstaaten der Konferenz über Sicherheit und Zusammenarbeit in Europa, sind in einer Zeit tiefgreifenden Wandels und historischer Erwartungen in Paris zusammengetreten. Wir erklären, daß sich unsere Beziehungen künftig auf Achtung und Zusammenarbeit gründen werden.

Europa befreit sich vom Erbe der Vergangenheit. Durch den Mut von Männern und Frauen, die Willensstärke der Völker und die Kraft der Ideen der Schlußakte von Helsinki bricht in Europa ein neues Zeitalter der Demokratie, des Friedens und der Einheit an.

Nun ist die Zeit gekommen, in der sich die jahrzehntelang gehegten Hoffnungen und Erwartungen unserer Völker erfüllen: unerschütterliches Bekenntnis zu einer auf Menschenrechten und Grundfreiheiten beruhenden Demokratie. Wohlstand durch wirtschaftliche Freiheit und soziale Gerechtigkeit und gleiche Sicherheit für alle unsere Länder.

Die zehn Prinzipien der Schlußakte werden uns in diese im Zeichen hoher Aufgaben stehende Zukunft leiten, so wie sie uns in den vergangenen fünfzehn Jahren den Weg zu besseren Beziehungen gewiesen haben. Die volle Verwirklichung aller KSZE-Verpflichtungen muß die Grundlage für die Initiativen bilden, die wir nun ergreifen, um unseren Nationen ein Leben zu ermöglichen, das ihren Wünschen gerecht wird.

Menschenrechte, Demokratie und Rechtsstaatlichkeit

Wir verpflichten uns, die Demokratie als die einzige Regierungsform unserer Nation aufzubauen, zu festigen und zu stärken. In diesem Bestreben werden wir an folgendem festhalten:

Menschenrechte und Grundfreiheiten sind allen Menschen von Geburt an eigen: sie sind unveräußerlich und werden durch das Recht gewährleistet. Sie zu schützen und zu fördern ist vornehmste Pflicht jeder Regierung. Ihre Achtung ist wesentlicher Schutz gegen staatliche Übermacht. Ihre Einhaltung und uneingeschränkte Ausübung bilden die Grundlage für Freiheit, Gerechtigkeit und Frieden.

Demokratische Regierung gründet sich auf den Volkswillen, der seinen Ausdruck in regelmäßigen, freien und gerechten Wahlen findet. Demokratie beruht auf Achtung vor der menschlichen Person und Rechtsstaatlichkeit. Demokratie ist der beste Schutz für freie Meinungsäußerung, Toleranz gegenüber allen gesellschaftlichen Gruppen und Chancengleichheit für alle.

Die Demokratie, ihrem Wesen nach repräsentativ und pluralistisch, erfordert Verantwortlichkeit gegenüber der Wählerschaft, Bindung der staatlichen Gewalt an das Recht sowie eine unparteiische Rechtspflege. Niemand steht über dem Gesetz.

Wir bekräftigen,

jeder einzelne hat ohne Unterschied das Recht auf:
Gedanken-, Gewissens- und Religions- oder Glaubensfreiheit,
freie Meinungsäußerung,
Vereinigung und friedliche Versammlung,
Freizügigkeit;

niemand darf:
willkürlich festgenommen oder in Haft gehalten werden,
der Folter oder anderer grausamer, unmenschlicher oder
erniedrigender Behandlung oder Strafe unterworfen werden;

jeder hat das Recht:
seine Rechte zu kennen und auszuüben,
an freien und gerechten Wahlen teilzunehmen,
auf ein gerechtes und öffentliches Verfahren, wenn er einer strafbaren Handlung beschuldigt wird,
allein oder in Gemeinschaft mit anderen Eigentum innezuhaben und selbständig ein Unternehmen zu betreiben,
seine wirtschaftlichen, sozialen und kulturellen Rechte auszuüben.

Wir bekräftigen, daß die ethnische, kulturelle, sprachliche und religiöse Identität nationaler Minderheiten Schutz genießen muß und daß Angehörige nationaler Minderheiten das Recht haben, diese Identität ohne jegliche Diskriminierung und in voller Gleichheit vor dem Gesetz frei zum Ausdruck zu bringen, zu wahren und weiterzuentwickeln.

Wir werden gewährleisten, daß dem einzelnen wirksame innerstaatliche wie völkerrechtliche Rechtsmittel gegen jede Verletzung seiner Rechte zur Verfügung stehen.

Die uneingeschränkte Achtung dieser Gebote ist das Fundament, auf dem wir das neue Europa aufbauen wollen.

Unsere Staaten werden zusammenarbeiten und einander unterstützen, um zu gewährleisten, daß die Entwicklung der Demokratie nicht mehr rückgängig gemacht werden kann.

Wirtschaftliche Freiheit und Verantwortung

Wirtschaftliche Freiheit, soziale Gerechtigkeit und Verantwortung für die Umwelt sind unerläßliche Voraussetzungen des Wohlstandes.

Der in der Demokratie zum Ausdruck gebrachte und durch den Rechtsstaat gewährleistete freie Wille des einzelnen bildet die notwendige Grundlage für eine erfolgreiche Wirtschafts- und Sozialentwicklung. Wir wollen eine die Würde des Menschen achtende und schützende Wirtschaftstätigkeit fördern.

Freiheit und politischer Pluralismus sind notwendige Elemente unserer gemeinsamen Bemühungen um die Entwicklung von Marktwirtschaften hin zu dauerhaftem Wirtschaftswachstum, Wohlstand, sozialer Gerechtigkeit, wachsender Beschäftigung und rationeller Nutzung der wirtschaftlichen Ressourcen. Der Erfolg von Ländern, die den Übergang zur Marktwirtschaft anstreben, ist wichtig und liegt in unser aller Interesse. Er wird uns allen Teilhabe an erhöhtem Wohlstand ermöglichen. Zur Erreichung dieses uns gemeinsamen Ziels wollen wir zusammenarbeiten.

Der Schutz der Umwelt liegt in der gemeinsamen Verantwortung aller unserer Nationen. Bei der Unterstützung nationaler und regionaler Bemühungen in diesem Bereich dürfen wir auch das dringende Erfordernis gemeinsamen Handelns in einem umfassenderen Rahmen nicht aus den Augen verlieren.

Freundschaftliche Beziehungen zwischen den Teilnehmerstaaten

Nun, da Europa am Beginn eines neuen Zeitalters steht, sind wir entschlossen, die freundschaftlichen Beziehungen und die Zusammenarbeit zwischen den Staaten Europas, den Vereinigten Staaten von Amerika und Kanada auszuweiten und zu festigen sowie die Freundschaft zwischen unseren Völkern zu fördern.

Zur Wahrung und Förderung von Demokratie, Frieden und Einheit in Europa bekennen wir uns feierlich und uneingeschränkt zu den zehn Prinzipien der Schlußakte von Helsinki. Wir erklären, daß die zehn Prinzipien unverändert gültig sein sollen und daß wir entschlossen sind, sie in die Praxis umzusetzen. Alle Prinzipien werden gleichermaßen und vorbehaltlos angewendet, wobei ein jedes von ihnen unter Beachtung der anderen ausgelegt wird. Sie bilden die Grundlage unserer Beziehungen.

In Übereinstimmung mit unseren Verpflichtungen gemäß der Charta der Vereinten Nationen und der Schlußakte von Helsinki erneuern wir unser feierliches Versprechen, uns jeder gegen die territoriale Integrität oder politische Unabhängigkeit eines Staates gerichteten Androhung oder Anwendung von Gewalt oder jeder sonstigen mit den Grundsätzen oder Zielen dieser Dokumente unvereinbaren Handlung zu enthalten. Wir erinnern daran, daß die Nichterfüllung der in der Charta der Vereinten Nationen enthaltenen Verpflichtungen einen Verstoß gegen das Völkerrecht darstellt.

Wir bekräftigen unser Bekenntnis zur friedlichen Beilegung von Streitfällen. Wir beschließen, Mechanismen zur Verhütung und Lösung von Konflikten zwischen den Teilnehmerstaaten zu entwickeln.

Nun, da die Teilung Europas zu Ende geht, werden wir unter uneingeschränkter gegenseitiger Achtung der Entscheidungsfreiheit eine neue Qualität in unseren Sicherheitsbeziehungen anstreben. Sicherheit ist unteilbar, und die Sicherheit jedes Teilnehmerstaates ist untrennbar mit der aller anderen verbunden. Wir verpflichten uns daher, bei der Festigung von Vertrauen und Sicherheit untereinander sowie bei der Förderung der Rüstungskontrolle und Abrüstung zusammenzuarbeiten.

Wir begrüßen die Gemeinsame Erklärung von zweiundzwanzig Staaten über die Verbesserung ihrer Beziehungen.

Unsere Beziehungen sollen auf unserem gemeinsamen Bekenntnis zu demokratischen Werten sowie zu den Menschenrechten und Grundfreiheiten beruhen. Wir sind überzeugt, daß für die Festigung von Frieden und Sicherheit zwischen unseren Staaten die Förderung der Demokratie sowie die Achtung und wirksame Ausübung der Menschenrechte unverzichtbar sind. Wir bekräftigen die Gleichberechtigung der Völker und ihr Selbstbestimmungsrecht in Übereinstimmung mit der Charta der Vereinten Nationen und den einschlägigen Normen des Völkerrechts, einschließlich jener, die sich auf die territoriale Integrität der Staaten beziehen.

Zur Lösung wirtschaftlicher, sozialer, umweltbezogener, kultureller und humanitärer Probleme haben wir die feste Absicht, den politischen Konsultationsprozeß zu verstärken und die Zusammenarbeit zu erweitern. Diese gemeinsame Entschlossenheit und die wachsende gegenseitige Abhängigkeit werden dazu beitragen, das jahrzehntelange Mißtrauen zu überwinden, die Stabilität zu festigen und ein geeintes Europa aufzubauen.

Wir wollen ein Europa, von dem Frieden ausgeht, das für den Dialog und die Zusammenarbeit mit anderen Ländern offen und zum Austausch bereit ist und das mitwirkt an der Suche nach gemeinsamen Antworten auf die Herausforderungen der Zukunft.

Sicherheit

Festigung der Demokratie und erhöhte Sicherheit fördern freundschaftliche Beziehungen zwischen uns.

Wir begrüßen die Unterzeichnung des Vertrags über konventionelle Streitkräfte in Europa durch zweiundzwanzig Teilnehmerstaaten, der zu niedrigeren Niveaus der Streitkräfte führen wird. Die Annahme eines substantiellen neuen Satzes vertrauens- und sicherheitsbildender Maßnahmen, der zu mehr Offenheit und Vertrauen zwischen allen Teilnehmerstaaten führt, findet unsere volle Zustimmung. Beide sind bedeutende Schritte hin zu erhöhter Stabilität und Sicherheit in Europa.

Die beispiellose Reduzierung der Streitkräfte durch den Vertrag über konventionelle Streitkräfte in Europa wird – gemeinsam mit neuen Ansätzen für Sicherheit und Zusammenarbeit innerhalb des KSZE-Prozesses – unser Verständnis von Sicherheit in Europa verändern und unseren Beziehungen eine neue Dimension verleihen. In diesem Zusammenhang bekennen wir uns zum Recht der Staaten, ihre sicherheitspolitischen Dispositionen frei zu treffen.

Einheit

Das nun ungeteilte und freie Europa fordert einen Neubeginn. Wir rufen unsere Völker dazu auf, sich diesem großen Vorhaben anzuschließen.

Wir nehmen mit großer Genugtuung Kenntnis von dem am 12. September 1990 in Moskau unterzeichneten Vertrag über die abschließende Regelung in bezug auf Deutschland und begrüßen aufrichtig, daß das deutsche Volk sich in Übereinstimmung mit den Prinzipien der Schlußakte der Konferenz über Sicherheit und Zusammenarbeit in Europa und in vollem Einvernehmen mit seinen Nachbarn in einem Staat vereinigt hat. Die Herstellung der staatlichen Einheit Deutschlands ist ein bedeutsamer Beitrag zu einer dauerhaften und gerechten Friedensordnung für ein geeintes demokratisches Europa, das sich seiner Verantwortung für Stabilität, Frieden und Zusammenarbeit bewußt ist.

Die Teilnahme nordamerikanischer wie europäischer Staaten ist ein bestimmendes Merkmal der KSZE; sie liegt den in der Vergangenheit erzielten Erfolgen zugrunde und bleibt wesentlich auch für die Zukunft des KSZE-Prozesses. Das unerschütterliche Festhalten an gemeinsamen Werten und an unserem gemeinsamen Erbe bindet uns aneinander. Bei all der reichen Vielfalt unserer Nationen sind wir vereint in der Verpflichtung, unsere Zusammenarbeit in allen Bereichen auszubauen. Die Herausforderungen, denen wir uns gegenübersehen, können nur durch gemeinsames Handeln, Zusammenarbeit und Solidarität bewältigt werden.

Die KSZE und die Welt

Das Schicksal unserer Nationen ist mit dem aller anderen Nationen verbunden. Wir unterstützen uneingeschränkt die Vereinten Nationen und die Stärkung ihrer Rolle bei der Förderung von Frieden, Sicherheit und Gerechtigkeit in der Welt. Wir bekräftigen unser Bekenntnis zu den in der Charta verankerten Grundsätzen und Zielen der Vereinten Nationen und verurteilen jede Verletzung dieser Prinzipien. Wir stellen mit Genugtuung fest, daß die Vereinten Nationen in der Weltpolitik eine wachsende Rolle spielen und dank der verbesserten Beziehungen zwischen unseren Staaten an Wirksamkeit gewinnen.

Angesichts der Armut in einem großen Teil der Welt verpflichten wir uns zur Solidarität mit allen anderen Ländern. Wir wenden uns daher heute von Paris aus an alle Nationen dieser Welt: Wir sind bereit, die gemeinsamen Anstrengungen zur Förderung der Gesamtheit der grundlegenden menschlichen Werte mit allen und mit jedem einzelnen dieser Staaten zu tragen.

Leitsätze für die Zukunft

Ausgehend von unserem festen Bekenntnis zur uneingeschränkten Durchführung aller KSZE-Prinzipien und -Bestimmungen, sind wir nunmehr entschlossen, neue Impulse für eine ausgewogene und umfassende Weiterentwicklung unserer Zusammenarbeit zu geben, um den Bedürfnissen und Erwartungen unserer Völker Rechnung zu tragen.

Menschliche Dimension

Unwiderruflich bekennen wir uns zur Achtung der Menschenrechte und Grundfreiheiten. Wir wollen die Bestimmungen über die menschliche Dimension der KSZE in vollem Umfang durchführen und auf ihnen aufbauen.

Wir werden auf der Grundlage des Dokuments des Kopenhagener Treffens der Konferenz über die menschliche Dimension zusammenarbeiten, um die demokratischen Institutionen zu stärken und den Rechtsstaat zu fördern. Zu diesem Zweck beschließen wir, ein Expertenseminar vom 4. bis 15. November 1991 in Oslo einzuberufen.

Wir sind entschlossen, den wertvollen Beitrag nationaler Minderheiten zum Leben unserer Gesellschaften zu fördern, und verpflichten uns, deren Lage weiter zu verbessern. Wir bekräftigen unsere tiefe Überzeugung, daß freundschaftliche Beziehungen zwischen unseren Völkern sowie Friede, Gerechtigkeit, Stabilität und Demokratie den Schutz der ethnischen, kulturellen, sprachlichen und religiösen Identität nationaler Minderheiten und die Schaffung von Bedingungen für die Förderung dieser Identität erfordern. Wir erklären, daß Fragen in bezug auf nationale Minderheiten nur unter demokratischen Bedingungen befriedigend gelöst werden können. Ferner erkennen wir an, daß die Rechte von Angehörigen nationaler Minderheiten als Teil der allgemein anerkannten Menschenrechte uneingeschränkt geachtet werden müssen. Im Bewußtsein der dringenden Notwendigkeit, im Hinblick auf nationale Minderheiten die Zusammenarbeit zu verstärken und deren Schutz zu verbessern, beschließen wir, ein Expertentreffen über nationale Minderheiten vom 1. bis 19. Juli 1991 in Genf einzuberufen.

Wir sind entschlossen, alle Formen von Haß zwischen Rassen und Volksgruppen, Antisemitismus, Fremdenfeindlichkeit und Diskriminierung irgendeines Menschen sowie von Verfolgung aus religiösen und ideologischen Gründen zu bekämpfen.

Wir betonen in Übereinstimmung mit unseren KSZE-Verpflichtungen, daß Freizügigkeit und freie Kontakte zwischen unseren Bürgern sowie der freie Fluß von Informationen und Gedanken ausschlaggebend sind für den Fortbestand und die Entwicklung freier Gesellschaften und lebendiger Kulturen. Wir begrüßen die Zunahme von Tourismus und Besuchen zwischen unseren Ländern.

Der Mechanismus der menschlichen Dimension hat sich bewährt. Deshalb sind wir entschlossen, ihn durch die Einführung neuer Verfahren auszubauen; diese sehen die Mitarbeit von Experten oder die Heranziehung einer Liste von hervorragenden Persönlichkeiten mit Erfahrung in Menschenrechtsfragen vor, die Gegenstand des Mechanismus sein könnten. Wir werden im Rahmen des Mechanismus vorsehen, daß Einzelpersonen einbezogen werden, wenn es um den Schutz ihrer Rechte geht. Wir sind daher entschlossen, unsere Verpflichtungen in dieser Hinsicht weiterzuentwickeln, insbesondere beim Moskauer Treffen der Konferenz über die menschliche Dimension, unbeschadet der Verpflichtungen, an die unsere Staaten aufgrund bestehender völkerrechtlicher Übereinkommen gebunden sind.

Wir würdigen den bedeutenden Beitrag des Europarates zur Förderung der Menschenrechte, der Prinzipien der Demokratie und der Rechtsstaatlichkeit sowie zur Entwicklung der kulturellen Zusammenarbeit. Wir begrüßen die von mehreren Teilnehmerstaaten unternommenen Schritte, dem Europarat und der Europäischen Menschenrechtskonvention beizutreten. Wir begrüßen die Bereitschaft des Europarates, der KSZE seine Erfahrungen zur Verfügung zu stellen.

Sicherheit

Das sich wandelnde politische und militärische Umfeld in Europa eröffnet neue Möglichkeiten für gemeinsame Anstrengungen im Bereich der militärischen Sicherheit. Wir wollen auf den wichtigen Ergebnissen aufbauen, die im Vertrag über Konventionelle Streitkräfte in Europa und in den Verhandlungen über Vertrauens- und Sicherheitsbildende Maßnahmen erzielt wurden. Wir wollen die VSBM-Verhandlungen auf der Grundlage desselben Mandats fortsetzen und sie möglichst bis zum KSZE-Folgetreffen in Helsinki 1992 abschließen. Wir begrüßen ferner den Beschluß der betroffenen Teilnehmerstaaten, die Verhandlungen über Konventionelle Streitkräfte in Europa auf der Grundlage desselben Mandats fortzusetzen und sie möglichst bis zum Folgetreffen in Helsinki 1992 abzuschließen. Nach einer Zeit innerstaatlicher Vorbereitung nehmen wir eine stärker strukturierte Zusammenarbeit zwischen allen Teilnehmerstaaten in Sicherheitsfragen in Aussicht sowie Diskussionen und Konsultationen zwischen den vierunddreißig Teilnehmerstaaten, mit dem Ziel, 1992 nach Abschluß des Folgetreffens von Helsinki neue, allen Teilnehmerstaaten offenstehende Verhandlungen über Abrüstung, sowie über Vertrauens- und Sicherheitsbildung aufzunehmen.

Wir rufen dazu auf, die Konvention über ein wirksam verifizierbares weltweites und umfassendes Verbot chemischer Waffen so bald wie möglich abzuschließen. Wir beabsichtigen, zu den Erstunterzeichnern dieser Konvention zu gehören.

Wir bekräftigen die Bedeutung der Initiative „Offener Himmel" und rufen dazu auf, diese Verhandlungen so rasch wie möglich erfolgreich abzuschließen.

Die Gefahr von Konflikten in Europa hat abgenommen, doch es bedrohen andere Gefahren die Stabilität unserer Gesellschaften. Wir sind entschlossen, bei der Verteidigung der demokratischen Institutionen gegen Verletzungen der Unabhängigkeit, souveränen Gleichheit oder territorialen Integrität der Teilnehmerstaaten zusammenzuarbeiten. Dazu zählen illegale Aktivitäten unter Anwendung von äußerem Druck, Zwang und Subversion.

Wir verurteilen vorbehaltlos alle Handlungen, Methoden und Praktiken des Terrorismus als verbrecherische Handlungen und bekunden unsere Entschlossenheit, sowohl bilateral als auch in multilateraler Zusammenarbeit auf seine Ausrottung hinzuarbeiten. Ferner werden wir einander gegenseitig im Kampf gegen den illegalen Drogenhandel unterstützen.

In dem Bewußtsein, daß die friedliche Beilegung von Streitfällen eine wesentliche Vervollständigung der Pflicht der Staaten ist, sich der Androhung oder Anwendung von Gewalt zu enthalten, und daß beide wesentliche Faktoren für die Aufrechterhaltung und Festigung des Weltfriedens und der internationalen Sicherheit sind, werden wir nicht nur darum bemüht sein, nach wirksamen Verfahren zur Verhütung immer noch möglicher Konflikte durch politische Mittel zu suchen, sondern im Einklang mit dem Völkerrecht auch geeignete Maßnahmen zur friedlichen Beilegung eventueller Streitfälle festzulegen. Wir verpflichten uns daher, nach neuen Formen der Zusammenarbeit in diesem Bereich zu suchen, insbesondere nach einer Reihe von Methoden zur friedlichen Beilegung von Streitfällen, einschließlich der obligatorischen Hinzuziehung einer Drittpartei. Wir betonen, daß in diesem Zusammenhang die Gelegenheit des für Anfang 1991 in La Valletta anberaumten Treffens über die friedliche Beilegung von Streitfällen in vollem Umfang genützt werden sollte. Der Rat der Außenminister wird dem Bericht des Treffens von Valetta Rechnung tragen.

Wirtschaftliche Zusammenarbeit

Wir betonen, daß die wirtschaftliche Zusammenarbeit auf der Grundlage der Marktwirtschaft ein wesentliches Element unserer Beziehungen darstellt und einen entscheidenden Beitrag zum Aufbau eines prosperierenden und geeinten Europa leisten wird. Demokratische Institutionen und wirtschaftliche Freiheit fördern wirtschaftlichen und sozialen Fortschritt, wie dies im Dokument der Bonner Konferenz über wirtschaftliche Zusammenarbeit, deren Ergebnisse wir nachdrücklich unterstützen, festgehalten ist.

Wir unterstreichen, daß die Zusammenarbeit im wirtschaftlichen Bereich sowie in Wissenschaft und Technik nunmehr einen wichtigen Pfeiler der KSZE bildet. Die Teilnehmerstaaten sollten das Erreichte in regelmäßigen Abständen überprüfen und in diesen Bereichen neue Anstöße geben.

Wir sind davon überzeugt, daß unsere wirtschaftliche Zusammenarbeit insgesamt ausgeweitet, das freie Unternehmertum ermutigt und der Handel in Übereinstimmung mit den Gatt-Regeln verstärkt und diversifiziert werden sollte. Wir werden soziale Gerechtigkeit und sozialen Fortschritt sowie das Wohlergehen unserer Völker fördern. In diesem Zusammenhang sind wir uns der Bedeutung bewußt, die wirksamen politischen Konzepten für die Bewältigung des Problems der Arbeitslosigkeit zukommt.

Wir bekräftigen die Notwendigkeit, demokratische Länder, die sich auf dem Weg zur Marktwirtschaft befinden und die Grundlage für ein sich selbst tragendes wirtschaftliches und soziales Wachstum schaffen, weiterhin zu unterstützen, wie dies bereits von der Gruppe der vierundzwanzig Länder in Angriff genommen wurde. Wir unterstreichen ferner die Notwendigkeit, sie in zunehmendem Maß mit den damit verbundenen Auflagen und Vorteilen in das internationale Wirtschafts- und Finanzsystem einzubinden.

Wir sind der Auffassung, daß bei stärkerer Betonung der wirtschaftlichen Zusammenarbeit innerhalb des KSZE-Prozesses die Interessen der sich entwickelnden Teilnehmerstaaten berücksichtigt werden sollten.

Wir erinnern an den Zusammenhang, der zwischen der Achtung und Förderung der Menschenrechte und Grundfreiheiten und dem wissenschaftlichen Fortschritt besteht. Zusammenarbeit im Bereich von Wissenschaft und Technik wird bei der wirtschaftlichen und sozialen Entwicklung eine wesentliche Rolle spielen. Sie ist daher dahin gehend auszubauen, daß entsprechende wissenschaftliche und technologische Informationen und Kenntnisse in größerem Maße geteilt werden, um das zwischen den Teilnehmerstaaten bestehende technologische Entwicklungsgefälle zu überwinden. Wir ermutigen die Teilnehmerstaaten ferner zur Zusammenarbeit im Hinblick auf die Förderung der Fähigkeiten des Menschen und des Unternehmergeistes.

Wir sind entschlossen, der Zusammenarbeit zwischen unseren Ländern in den Bereichen Energie, Transport und Tourismus die für die wirtschaftliche und soziale Entwicklung notwendigen Anstöße zu geben. Wir begrüßen insbesondere praktische Schritte zur Schaffung optimaler Voraussetzungen für den wirtschaftlichen und sparsamen Umgang mit Energievorräten unter gebührender Berücksichtigung der Umweltbelange.

Wir erkennen die wichtige Rolle der Europäischen Gemeinschaft bei der politischen und wirtschaftlichen Entwicklung in Europa an. Internationale Wirtschaftsorganisationen wie die Wirtschaftskommission der Vereinten Nationen für Europa (UN/ECE), die Institutionen von Bretton Woods, die Organisation für wirtschaftliche Zusammenarbeit und Entwicklung (OECD), die Europäische Freihandelsassoziation (Efta) und die Internationale Handelskammer (IOC) haben auch eine wesentliche Aufgabe bei der Förderung der wirtschaftlichen Zusammenarbeit zu erfüllen, die durch die Schaffung der Europäischen Bank für Wiederaufbau und Entwicklung (EBRD) weiter gestärkt werden wird. Zur Verfolgung unserer Ziele betonen wir die Notwendigkeit, die Arbeit dieser Organisationen sorgfältig zu koordinieren und Methoden zu finden, die allen unseren Staaten eine Teilnahme an dieser Arbeit ermöglichen.

Umwelt

Wir erkennen die dringende Notwendigkeit an, die Umweltprobleme in Angriff zu nehmen, sowie die Bedeutung individueller und gemeinsamer Bemühungen in diesem Bereich. Wir verpflichten uns, unsere Anstrengungen um den Schutz und die Verbesserung unserer Umwelt zu verstärken, um ein gesundes ökologisches Gleichgewicht in Luft, Wasser und Boden wiederherzustellen und zu erhalten. Wir sind daher entschlossen, die KSZE als Rahmen für die Erarbeitung gemeinsamer Verpflichtungen und Ziele in Umweltbelangen in vollem Umfang zu nutzen und so die Arbeit fortzuführen, die im Bericht des Umweltschutztreffens von Sofia zum Ausdruck kommt.

Wir unterstreichen die Bedeutung einer gut informierten Gesellschaft als Voraussetzung dafür, daß die Öffentlichkeit wie auch Einzelpersonen Initiativen zur Verbesserung der Umwelt ergreifen können. Zu diesem Zweck verpflichten wir uns, das Umweltbewußtsein der Öffentlichkeit und die Umwelterziehung sowie die öffentliche Berichterstattung über die Umweltrelevanz politischer Konzepte, Vorhaben und Programme zu fördern.

Vorrangiges Anliegen ist uns die Einführung sauberer und abfallarmer Technologien, wobei uns bewußt ist, daß Länder, die noch nicht über eigene Mittel für geeignete Maßnahmen verfügen, unterstützt werden müssen.

Wir unterstreichen, daß umweltpolitische Konzepte durch geeignete gesetzgeberische Maßnahmen und Verwaltungsstrukturen unterstützt werden sollten, damit ihre wirksame Durchführung gewährleistet werden kann.

Wir betonen die Notwendigkeit, neue Maßnahmen für die systematische Überprüfung der Einhaltung bestehender Verpflichtungen zu treffen und darüber hinaus höher gesteckte Verpflichtungen einzugehen in bezug auf die Benachrichtigung und den Austausch von Informationen über den Zustand der Umwelt und über mögliche Umweltgefahren. Wir begrüßen auch die kürzlich beschlossene Europäische Umweltagentur (EUA).

Wir begrüßen die praktischen Arbeiten, die Problemstudien und die Konzeptüberprüfung in verschiedenen im Umweltbereich tätigen internationalen Organisationen, wie dem Umweltprogramm der Vereinten Nationen (Unep), der Wirtschaftskommission der Vereinten Nationen für Europa (UN/ECE) und der Organisation für wirtschaftliche Zusammenarbeit und Entwicklung (OECD), und betonen die Notwendigkeit einer verstärkten Zusammenarbeit und wirksamen Koordination zwischen ihnen.

Kultur

Wir erkennen den wesentlichen Beitrag unserer gemeinsamen europäischen Kultur und unserer gemeinsamen Werte zur Überwindung der Teilung des Kontinents an. Wir unterstreichen daher unser Eintreten für die schöpferische Freiheit sowie für den Schutz und die Förderung unseres kulturellen und geistigen Erbes in all seinem Reichtum und all seiner Vielfalt.

Angesichts der jüngsten Veränderungen in Europa betonen wir die erhöhte Bedeutung des Krakauer Symposiums und setzen große Erwartungen in die Erörterung von Leitsätzen für verstärkte Zusammenarbeit im Bereich der Kultur bei diesem Treffen. Wir laden den Europarat ein, zu diesem Symposium beizutragen.

Zur Förderung größerer Vertrautheit zwischen unseren Völkern befürworten wir die Errichtung von Kulturzentren in Städten anderer Teilnehmerstaaten, eine verstärkte Zusammenarbeit auf dem audio-visuellen Gebiet und einen umfangreichen Austausch in den Bereichen Musik, Theater, Literatur und Kunst.

Wir sind entschlossen, im Rahmen unserer nationalen Politik das gegenseitige Verständnis, insbesondere bei der Jugend, verstärkt zu fördern durch Kulturaustausch, Zusammenarbeit in allen Bereichen der Bildung, vor allem durch den Unterricht von und in den Sprachen anderer Teilnehmerstaaten. Wir beabsichtigen, die ersten Ergebnisse dieses Vorhabens beim Folgetreffen von Helsinki 1992 zu überprüfen.

Wanderarbeiter

Wir erkennen an, daß die Fragen der Wanderarbeiter und ihrer Familien, die sich rechtmäßig in Aufnahmeländern aufhalten, wirtschaftliche, kulturelle und soziale Aspekte wie auch ihre menschliche Dimension haben. Wir bekräftigen, daß der Schutz und die Förderung ihrer Rechte sowie die Verwirklichung einschlägiger internationaier Verpflichtungen uns alle angeht.

Mittelmeer

Wir sind der Ansicht, daß die grundlegenden politischen Veränderungen, die in Europa stattgefunden haben, eine für die Mittelmeerregion positive Bedeutung haben. Wir werden daher die Bemühungen zur Festigung von Sicherheit und Zusammenarbeit im Mittelmeerraum als wichtigen Faktor der Stabilität in Europa fortsetzen. Wir begrüßen den Bericht des Treffens über den Mittelmeerraum von Palma de Mallorca, dessen Ergebnisse wir alle unterstützen.

Wir sind besorgt über die in der Region anhaltenden Spannungen und bekunden erneut unsere Bereitschaft, unsere Anstrengungen zu erhöhen, um mit friedlichen Mitteln gerechte, gangbare und dauerhafte Lösungen für entscheidende offene Fragen auf der Grundlage der Achtung für die Prinzipien der Schlußakte zu finden.

Es ist unser Wunsch, günstige Bedingungen für eine harmonische Entwicklung und Diversifizierung von Beziehungen mit den nichtteilnehmenden Mittelmeerstaaten zu fördern. Die verstärkte Zusammenarbeit mit diesen Staaten wird mit dem Ziel fortgesetzt, die wirtschaftliche und soziale Entwicklung zu fördern und dadurch die Stabilität in der Region zu erhöhen. Zu diesem Zweck werden wir uns gemeinsam mit diesen Ländern bemühen, das Wohlstandsgefälle zwischen Europa und seinen Nachbarn im Mittelmeerraum wesentlich zu verringern.

Nichtstaatliche Organisationen

Wir erinnern an die bedeutende Rolle, die nichtstaatliche Organisationen, religiöse und andere Gruppierungen sowie Einzelpersonen bei der Verwirklichung der KSZE-Ziele gespielt haben, und werden deren Einsatz für die Durchführung der KSZE-Verpflichtungen durch die Teilnehmerstaaten weiter erleichtern. Diese Organisationen, Gruppierungen und Einzelpersonen müssen auf geeignete Art und Weise in die Tätigkeit und die neuen Strukturen der KSZE einbezogen werden, damit sie ihre wichtigen Aufgaben erfüllen können.

Neue Strukturen und Institutionen des KSZE-Prozesses

Unsere gemeinsamen Bemühungen um verstärkte Achtung der Menschenrechte, Demokratie und Rechtsstaatlichkeit, um Festigung des Friedens und um Förderung der Einheit in Europa erfordern eine neue Qualität des politischen Dialogs und der politischen Zusammenarbeit und somit die Entwicklung der Strukturen der KSZE.

Die Intensivierung unserer Konsultationen auf allen Ebenen ist von vorrangiger Bedeutung für die künftige Gestaltung unserer Beziehungen. Zu diesem Zweck beschließen wir folgendes:

Wir, die Staats- und Regierungschefs, werden das nächste Mal in Helsinki anläßlich des KSZE-Folgetreffens 1992 zusammentreffen. Danach werden wir anläßlich weiterer Folgetreffen zusammentreffen. Unsere Außenminister werden regelmäßig, mindestens einmal jährlich, als Rat zusammentreten. Diese Treffen werden das zentrale Forum für politische Konsultationen im KSZE-Prozeß bilden. Der Rat wird Fragen prüfen, die für die Konferenz über Sicherheit und Zusammenarbeit in Europa von

Bedeutung sind, und entsprechende Beschlüsse fassen. Das erste Treffen des Rates wird in Berlin stattfinden.

Ein Ausschuß Hoher Beamter wird die Treffen des Rates vorbereiten und dessen Beschlüsse durchführen. Der Ausschuß wird aktuelle Fragen prüfen und kann entsprechende Beschlüsse fassen, unter anderem in Form von Empfehlungen an den Rat. Zur Behandlung dringender Fragen können zusätzliche Treffen der Vertreter der Teilnehmerstaaten vereinbart werden. Der Rat wird die Erarbeitung von Bestimmungen prüfen, die die Einberufung von Treffen des Ausschusses Hoher Beamter in dringlichen Situationen vorsehen. Die Teilnehmerstaaten können auch Treffen anderer Minister vereinbaren. Zur administrativen Unterstützung dieser Konsultationen richten wir in Prag ein Sekretariat ein.

Folgetreffen der Teilnehmerstaaten werden in der Regel alle zwei Jahre stattfinden, um den Teilnehmerstaaten Gelegenheit zu geben, eine Bestandsaufnahme der eingetretenen Entwicklungen vorzunehmen, die Verwirklichung eingegangener Verpflichtungen zu überprüfen und weitere Schritte im KSZE-Prozeß in Erwägung zu ziehen.

Wir beschließen, in Wien ein Konfliktverhütungszentrum zu schaffen, das den Rat beim Abbau der Gefahr von Konflikten unterstützen soll.

Wir beschließen, in Warschau ein Büro für freie Wahlen einzurichten, um Kontakte und den Informationsaustausch im Zusammenhang mit Wahlen in den Teilnehmerstaaten zu erleichtern.

In Anerkennung der wichtigen Rolle, die Parlamentarier im KSZE-Prozeß spielen können, sprechen wir uns für eine stärkere Einbeziehung der Parlamentsarbeit in die KSZE aus, insbesondere durch die Schaffung einer parlamentarischen Versammlung der KSZE unter Beteiligung von Parlamentsmitgliedern aus allen Teilnehmerstaaten. Zu diesem Zweck befürworten wir nachdrücklich, daß Kontakte auf Parlamentsebene fortgesetzt werden, um Tätigkeitsbereich, Arbeitsmethoden und Verfahrensregeln einer derartigen parlamentarischen Struktur unter Nutzung vorhandener Erfahrungen und bereits geleisteter Arbeiten in diesem Bereich zu erörtern.

Wir beauftragen unsere Außenminister, diese Frage bei ihrem ersten Treffen als Rat zu überprüfen.

Verfahrenstechnische und organisatorische Modalitäten hinsichtlich einiger Bestimmungen der Pariser Charta für ein neues Europa sind im Zusatzdokument festgelegt, das gleichzeitig mit der Pariser Charta angenommen wird.

Wir betrauen den Rat mit den weiteren Schritten, die zur Durchführung der im vorliegenden Dokument und im Zusatzdokument enthaltenen Beschlüsse erforderlich sein könnten, und mit der Prüfung weiterer Maßnahmen zur Festigung von Sicherheit und Zusammenarbeit in Europa. Der Rat kann jede Änderung des Zusatzdokuments vornehmen, die er für angebracht hält.

Das Original der Pariser Charta für ein neues Europa, das in Deutsch, Englisch, Französisch, Italienisch, Russisch und Spanisch abgefaßt ist, wird der Regierung der Französischen Republik zur Aufbewahrung in ihren Archiven übergeben. Jeder der Teilnehmerstaaten erhält von der Französischen Republik eine gleichlautende Abschrift der Pariser Charta.

Der Text der Pariser Charta wird in jedem Teilnehmerstaat veröffentlicht, der ihn so umfassend wie möglich vorbereitet und bekanntmacht.

Die Regierung der Französischen Republik wird gebeten, dem Generalsekretär der Vereinten Nationen den Text der Pariser Charta für ein neues Europa, die nicht registrierbar nach Artikel 102 der Charta der Vereinten Nationen ist, zur Weiterleitung an alle Mitglieder der Organisation als offizielles Dokument der Vereinten Nationen zu übermitteln.

Die Regierung der Französischen Republik wird gleichfalls gebeten, den Text der Pariser Charta an alle anderen im Text erwähnten internationalen Organisationen zu übermitteln.

Zu Urkund dessen setzen wir, die unterzeichnenden Hohen Vertreter der Teilnehmerstaaten, im Bewußtsein der hohen politischen Bedeutung, die wir den Ergebnissen des Gipfeltreffens beimessen, und mit der Erklärung unserer Entschlossenheit, in Übereinstimmung mit den von uns angenommenen Bestimmungen zu handeln, unsere Unterschrift unter das vorliegende Dokument.

Verabschiedet im November 1990 in Paris.

Evangelische Kirche und DGB

Multikulturelle Gesellschaft

„Wir leben in der Bundesrepublik in einer multikulturellen Gesellschaft" – diese These des Ökumenischen Vorbereitungsausschusses für den Tag des ausländischen Mitbürgers 1980 hat eine intensive öffentliche Diskussion ausgelöst. Kulturelle Vielfalt wird inzwischen von sehr vielen Bürgern als Wert bejaht. Europa versteht sich als multikulturell. Mehrsprachigkeit wird zum europäischen Bildungsprinzip. In der Wirtschaft wird gesagt: „Der moderne Manager ist multikulturell." Werbekampagnen machen sich die Freude der Menschen an kultureller Vielfalt zu eigen, wie z.B. die Plakate „Come together and learn to live as friends". Bundeskanzler Kohl und Präsident Gorbatschow unterzeichneten anläßlich der Verhandlungen über die deutsche Einheit am 13. Juli 1990 eine gemeinsame Erklärung, in der es heißt: „. . . kulturelle Vielfalt ist einer der großen Schätze des Kontinents."

Zugleich gibt es große Ängste und Widerstände gegenüber der Vermischung verschiedener Kulturen. Man befürchtet den Verlust der deutschen Identität in einer multikulturellen Gesellschaft und sieht die Gefahr kultureller Überfremdung. Dahinter steht häufig die Idee eines „homogenen Nationalstaates", zu dem eine einheitliche Kultur gehört. Dabei ist die Verwendung der Begriffe oft unklar.

Der Begriff „multikulturelle Gesellschaft" beschreibt das Zusammenleben von Menschen verschiedener Herkunft in Deutschland. Im Sinne von Artikel 1 und 3 des Grundgesetzes sprechen wir von „interkulturellem Zusammenleben", wenn Menschen mit verschiedener Abstammung, Sprache, Herkunft, Religion oder politischer Anschauung so zusammenleben, daß sie deswegen weder benachteiligt noch bevorzugt werden.

Der Begriff des interkulturellen Zusammenlebens geht davon aus, daß es zwischen Menschen verschiedener kultureller Prägung einen fruchtbaren Austausch, aber auch Konflikte geben kann, die allerdings nicht durch Ausgrenzung und Benachteiligung, sondern durch dialogische Formen des Umgangs miteinander gelöst werden sollen. Voraussetzung für eine interkulturelle Gesellschaft ist daher die Gleichberechtigung.

Der hier verwendete Begriff von Kultur ist weit und umfaßt sowohl Kunst und Religion wie das alltägliche Verhalten beim Zusammenleben von Menschen unterschiedlicher Herkunft. Kultur ist lebendig und entwickelt sich durch den Austausch mit anderen Kulturen. Interkulturelle Kommunikation hat immer stattgefunden und ist ein Element der Kulturgeschichte. Heute erleben wir sie besonders intensiv aufgrund der gesteigerten Mobilität und des Einflusses der Medien, vor allem aber als Auswirkung der zunehmenden gesellschaftlichen Pluralität.

Weltweit finden heute große Wanderungsbewegungen von Menschen statt. Sie haben vielerlei Gründe: Politische Verfolgungen, Kriege, ökologische Katastrophen, Menschenrechtsverletzungen, Wirtschaftskrisen, das regionale Wohlstandsgefälle und das rasche Bevölkerungswachstum zwingen Menschen dazu, ihre angestammte Heimat zu verlassen. Sie suchen in den Metropolen eine neue Existenz. Die zunehmende Armut in vielen Regionen der Erde wird oft durch nationalistische oder ethnische Gegensätze verschärft. In Südost- und Osteuropa, vor allem in der Sowjetunion, finden solche Auseinandersetzungen statt. Eine immer größere Zahl von Menschen versucht, vor ihnen zu fliehen und in Westeuropa neue Lebensmöglichkeiten zu suchen. Wir haben in den nächsten Jahren mit einem starken Zuwanderungsdruck aus Osteuropa zu rechnen. Doch auch die Zahl der Asylsuchenden und Flüchtlinge aus den Krisenregionen der südlichen Hemisphäre wird weiter zunehmen.

Die Bevölkerung in Europa und in Deutschland hat sich auf diese zunehmenden Wanderungen einzustellen. Die Regierungen müssen eine flexible und kontrollierte Wanderungspolitik entwickeln, die auf einem möglichst breiten gesellschaftlichen Konsens aufbaut. Die Kontrolle der Grenzen ist notwendig. Nicht alle, die kommen wollen, können Aufnahme finden. Oberste Priorität hat jedoch die Aufnahme von Menschen, die aus politischen Gründen verfolgt sind. Deshalb muß das im Grundgesetz verankerte Recht auf Asyl unangetastet bleiben. Auch aus wirtschaftlichen Gründen kann sich die Europäische Gemeinschaft nicht zu einer Festung gegenüber Wanderungen und gegen Flüchtlinge entwickeln.

Die Zukunft Deutschlands und Europas läßt sich nicht abkoppeln von der Zukunft Afrikas, Asiens und Amerikas. Es gibt nur eine Zukunft für alle. Wir werden sie miteinander gewinnen oder miteinander verlieren. Dies ist eine nüchterne Einsicht in die realen gegenseitigen Abhängigkeiten, in die uns die moderne Zivilisation gebracht hat, und zugleich ein ethischer Appell, die Verantwortung für die Zukunft gemeinsam wahrzunehmen und Solidarität zu praktizieren.

Zugewanderten Menschen gegenüber besteht oft eine emotionale Abwehr. Sie reicht von Reaktionen der Verdrängung bis zu massiven Ängsten und Aggressionen. Die Ursachen sind vielschichtig: soziale Konkurrenzängste, Gefühle der Überfremdung, also des kulturellen Verlustes, nationalistische Einstellungen und rassistische Vorurteile sowie fehlende Erfahrungen im Umgang mit Fremden.

Angst kann lähmen, sie kann aber auch Veränderungen in Gang setzen, wenn sie zugelassen und ernstgenommen wird. Angst sollte nicht tabuisiert werden, sondern mit dem Ziel bearbeitet werden, die Konfliktfähigkeit zu stärken, damit Spannungen ausgehalten und kulturelle Vielfalt auch emotional erfahren werden kann. Der Schlüssel hierfür ist: Lernen durch Erleben.

Menschen machen ihre entscheidenden Erfahrungen im täglichen Leben: im Wohnhaus, am Arbeitsplatz, beim Einkauf, im Kindergarten, im kirchlichen Leben, in den Gewerkschaften, in der Schule, in Vereinen, beim Sport. Hier können durch persönliche Kontakte die Chancen des Zusammenlebens erlebt und Ängste abgebaut werden.

Europa und Deutschland sind durch kulturelle Vielfalt bestimmt. Künftig haben wir uns besonders der Frage nach den verbindenden Elementen der Einheit zu widmen. Was sind die gemeinsamen Werte, damit diese Gesellschaft nicht durch eine Vielheit widerstreitender Interessen zerrissen wird? Wie kann auf die Ängste vor der kulturellen Vielfalt geantwortet werden? Wie kann die Einsicht in der Bevölkerung geweckt werden, daß es nur eine Zukunft für uns alle gibt und daß wir für diese Zukunft gemeinsam Verantwortung tragen?

Mit dieser Zielrichtung sind die Thesen des Ökumenischen Vorbereitungsausschusses von 1980 aufzugreifen und weiterzuführen. Bei der Ausländerwoche und ähnlichen Veranstaltungen sollte ein Bürgerdialog angestoßen werden, um die gemeinsamen Werte herauszustellen, die für ein menschenwürdiges Zusammenleben von Einheimischen und Zuwanderern unverzichtbar sind. „Einheit in Vielfalt" kann zu einem wichtigen Thema bei Veranstaltungen zum 3. Oktober werden – dem Tag der deutschen Einheit. Es folgen zehn Thesen zum Dialog.

I. Das Grundgesetz ist die Rechtsgrundlage für eine multikulturelle Gesellschaft

Im Artikel 1 des Grundgesetzes heißt es: „Die Würde des Menschen ist unantastbar." Mit diesem Satz setzen sich die Verfasser des Grundgesetzes mit der rassistischen Ideologie des Nationalsozialismus auseinander, der zum Völkermord an den Juden, Sinti und Roma geführt hat. Der oberste Verfassungsgrundsatz spricht nicht von deutschen Menschen, sondern von jedem Menschen. Er gilt für Deutsche und Ausländer. Der Gedanke der Menschenwürde hat eine lange Geschichte. Eine Wurzel ist die biblische Aussage, daß jeder Mensch ein Ebenbild Gottes ist.

Aus diesem obersten Verfassungsgrundsatz leitet sich das Konzept eines Zusammenlebens von Menschen unterschiedlicher Herkunft ab, das heute als interkulturelles Zusammenleben umschrieben wird. Es ist im Artikel 3 des Grundgesetzes formuliert: „Niemand darf wegen seines Geschlechtes, seiner Abstammung, seiner Rasse, seiner Sprache, seiner Heimat und Herkunft, seines Glaubens, seiner religiösen oder politischen Anschauungen benachteiligt oder bevorzugt werden." Dieser Artikel widerspricht der Idee einer „homogenen deutschen Nation", die zu bewahren oder anzustreben wäre. Er geht vielmehr davon aus, daß im Geltungsbereich des Grundgesetzes Menschen verschiedener Herkunft und sprachlich-kultureller Prägung zusammenleben und daß es auch Konflikte zwischen Menschen und Gruppen gibt. Diese Konflikte sollen durch Gleichberechtigung gelöst werden und nicht durch Benachteiligung oder Bevorzugung.

Die Grundsätze der Verfassung sind zum Leitbild für die große Mehrheit der Einheimischen geworden. In gleicher Weise wird das Grundgesetz von der großen Mehrheit der Ausländer, Asylsuchenden und Aussiedler anerkannt, die an der Verfassung schätzen, daß sie den Menschenrechten verpflichtet ist. Das Menschenbild und die Ideen unserer Verfassung wirken gemeinschaftsstiftend und sind Grundlage für einen Verfassungspatriotismus, der die große Mehrheit der Einheimischen und Zuwanderer verbinden kann.

II. Deutsch sein, heißt multikulturell sein

Bayern, Sachsen, Saarländer, Ostfriesen, Schlesier, Banater, Schwaben oder Helgoländer sind durch unterschiedliche kulturelle und geschichtliche Traditionen bestimmt. Dänen, Sorben und Sinti sprechen sogar andere Sprachen. Und dennoch können alle die deutsche Staatsangehörigkeit haben und sich als Deutsche verstehen. Deutschland war immer und ist bis heute durch verschiedene kulturelle Einflüsse bestimmt. Deutsche Geschichte und Kultur erhielten dadurch ihre Lebendigkeit und Kreativität: Sie sind nicht ohne den großen Beitrag der Hugenotten, der Juden und anderer Zuwanderer zu verstehen.

Multikulturelle Einflüsse bestimmen Deutschland und seine Länder. So vermischten sich z.B. in Bayern die unterschiedlichsten Stämme: Kelten, Römer und Sueben. Zu den Ahnen der Bayern gehören die Naristen und Varisten, Skiren und Slaven, Heruler und Hunnen. Sie brachten ebenso unterschiedliche kulturelle Tradition mit wie die in den letzten Jahrzehnten zugewanderten Ausländer.

Auch die in jüngster Zeit zugewanderten Ausländer, Asylsuchenden und Aussiedler sind von unterschiedlichen kulturellen Traditionen geprägt. So finden sich z.B. unter den türkischen Staatsangehörigen Menschen mit kurdischer, syrischer, arabischer, armenischer und griechischer Sprache, Geschichte und Herkunft. Kulturelle Vielfalt – wenn auch allzu oft unterdrückt – hat es faktisch auch in Nationalstaaten gegeben.

III. Demokratische Partizipation ist grundlegend für interkulturelles Zusammenleben

Interkulturelles Zusammenleben kann nur gelingen, wenn Menschen verschiedener Herkunft gleichberechtigt am politischen Leben teilhaben können. Demokratische Partizipation ist ein gemeinsamer Wert, der als Grundrecht den Eigeninteressen von Gruppen übergeordnet ist. Wo demokratische Partizipation eingeschränkt wird, werden früher oder später politische Spannungen hervorgerufen. Deshalb hat das Wahlrecht für Zuwanderer auf kommunaler, regionaler und europäischer Ebene einen so hohen Stellenwert.

Die volle politische Partizipation ist bis heute an die Staatsbürgerschaft gebunden. Solange dies so ist, sollte der Erwerb der deutschen Staatsbürgerschaft erheblich erleichtet werden. Die Zulassung der doppelten Staatsbürgerschaft ist hierzu der richtige Weg. Sie wird in den meisten europäischen Staaten bereits gewährt.

Die deutsche Staatsbürgerschaft kann in einem Europa der Regionen nicht mehr ethnisch definiert werden. Vielmehr sind auf einem Territorium dauerhaft zusammenlebenden Menschen alle Bürgerrechte und Menschenrechte zu gewähren. Auch aus Artikel 3 GG ist zu folgern, daß die Staatsbürgerschaft nicht ethnisch zu bestimmen oder von der Abstammung abhängig zu machen ist. Eine deutsche Verfassung sollte in diesem Sinne weiterentwickelt werden.

Ausdruck demokratischer Grundsätze ist der Kampf gegen die Benachteiligung von Minderheiten. In diesem Sinne ist ein Antidiskriminierungsgesetz zu befürworten, das die Artikel 1 und 3 des Grundgesetzes konkretisiert.

Politiker haben eine besondere Verantwortung für die Realisierung demokratischer Partizipation. Ihr Verhalten zu kulturellen Minderheiten wirkt meinungsbildend. Gespräche zwischen ihnen und den Vertretern der Minderheiten sind unverzichtbar. In Bund, Ländern und Gemeinden haben sich Ämter bewährt, die den Dialog zwischen Menschen verschiedener Kultur und Herkunft fördern. Die Kompetenzen von Ausländerbeauftragten und interkulturellen Ämtern sollten dementsprechend erweitert werden.

IV. Die christliche Gemeinde war von Anfang an interkulturell

Beispielhaft für interkulturelles Zusammenleben sind die Erfahrungen christlicher Gemeinden, die von Anfang an in der kulturellen Vielfalt der römisch-hellenistischen Welt lebten. Jesus selbst war Jude in einem Land unter römischer Fremdherrschaft, das von griechischer Kultur beeinflußt war. Von Anfang an versuchten christliche Gemeinden, unterschiedliche Traditionen zu integrieren. „Hier ist nicht Jude noch Grieche", sondern alle sind „einer in Christus Jesus" (Gal. 3, 28). Kulturelle Schranken sind relativiert, eine neue Gesellschaft ist entstanden.

Die ökumenische Bewegung hat diese Erfahrung vertieft. Kirchengemeinden können Modelle und Übungsfelder für interkulturelles Zusammenleben bilden: Gottes Stadt kennt keine Fremden, in der Kirche gibt es keine Ausländer.

V. Der interreligiöse Dialog ist grundlegend für die Herausbildung gemeinsamer Werte, die dem Überleben der Menschheit dienen

Der ökumenische Prozeß für Gerechtigkeit, Frieden und die Bewahrung der Schöpfung hat Werte deutlich gemacht, für die sich Christen über konfessionelle Grenzen hinweg gemeinsam einsetzen. Nichtchristliche Religionen sind in diesen Prozeß einbezogen worden. Beispiele sind das Friedensgebet der Religionen in Assisi und die Weltversammlung des Ökumenischen Rats der Kirchen in Seoul.

Religionen haben eine gemeinsame Verantwortung, allgemein anerkannte Werte herauszuarbeiten, die dem Überleben der Menschheit dienen und die auch von religiös nicht geprägten Menschen geteilt werden. Gegenseitige Achtung, Gerechtigkeit, Frieden, Verantwortung gegenüber der Schöpfung und Freiheit sind solche Werte. Deshalb ist der Dialog zwischen Juden, Christen, Muslimen, Buddhisten, Hindus so drängend. Wir leben in einer multireligiösen Gesellschaft, in der durch gemeinsame

Werte Brücken gebaut werden können, die Voraussetzung für ein friedliches Zusammenleben sind.

In der deutschen Geschichte waren religiös-kulturelle Minderheiten, vor allem die Juden, schweren Ausschreitungen und Verfolgungen bis hin zur Vernichtung ausgesetzt. Heute sehen viele in aktuellen Entwicklungen des Islam eine Gefahr für den Frieden. Konflikte zwischen Religionen können zerstörerische Folgen haben. Gerade diese Erfahrung sollte Ansporn sein, den Dialog mit Geduld und Ausdauer zu suchen.

VI. Die internationale Solidarität war von Anfang an das Ziel der Gewerkschaftsbewegung

Von Anbeginn haben sich Gewerkschaften dafür eingesetzt, der Würde des arbeitenden Menschen Achtung zu verschaffen, seinen gerechten Anteil am Ertrag der Arbeit durchzusetzen, ihn zu schützen und sozial zu sichern und eine Gesellschaftsordnung zu erkämpfen, die allen die freie Entfaltung ihrer Persönlichkeit ermöglicht. Diesem Ziel ist die Unterscheidung der Menschen nach Nationalitäten, Rasse, Geschlecht oder Religion fremd. Die Zusammenarbeit über nationale Grenzen hinweg war dabei seit Entstehen der Gewerkschaftsbewegung eine wichtige Grundlage für die Durchsetzung der sozialen, wirtschaftlichen und kulturellen Interessen der arbeitenden Menschen. Die internationale Verbundenheit der arbeitenden Menschen und ihrer Gewerkschaften manifestiert sich seit über hundert Jahren am 1. Mai. Dieser Tag war und ist der Tag der internationalen Solidarität aller arbeitenden Menschen. Die zunehmende internationale Verflechtung der Wirtschaft, die weltweiten Wanderungsbewegungen von Arbeitnehmern und die zunehmende gegenseitige Abhängigkeit in einer immer kleiner werdenden Welt haben die Notwendigkeit der internationalen Solidarität der arbeitenden Menschen bei der Durchsetzung sozialer Grundrechte, des Rechts auf eine lebenswerte Umwelt und eines Lebens in Frieden verstärkt. Das Zusammenarbeiten und Zusammenleben von Menschen unterschiedlicher nationaler Herkunft in einem Betrieb und am Wohnort hat dem gewerkschaftlichen Grundwert der internationalen Solidarität einen neuen, praktischen Inhalt gegeben.

Internationale Solidarität muß sich tagtäglich bewähren. Sie ist Ausdruck des Willens aller arbeitenden Menschen, ohne Vorurteil und im gegenseitigen Respekt miteinander zu leben. Dieses Zusammenleben muß gemeinsam gestaltet werden und setzt voraus, daß ausländische Arbeitnehmer und ihre Familien ihre ethnische, kulturelle und religiöse Identität nicht aufgeben müssen. Um die Voraussetzungen für dieses gleichberechtigte Zusammenleben zu schaffen, setzt sich der Deutsche Gewerkschaftsbund auch weiterhin gemeinsam mit den ausländischen Arbeitnehmern und ihren Familien für die Beseitigung ihrer besonderen wirtschaftlichen, sozialen und kulturellen Benachteiligung ein.

VII. Zusammenleben kann nur dort gelingen, wo Gerechtigkeit die soziale Orrdnung bestimmt

Voraussetzung eines friedlichen und sozialen Zusammenlebens ist die Gerechtigkeit. Es ist mit dem Gemeinwohl nicht vereinbar, daß Menschen oder Gruppen sozial ausgegrenzt oder dauerhaft von der gleichberechtigten Teilhabe an der gesellschaftlichen Entwicklung ausgeschlossen werden. Deshalb müssen die zugewanderten Menschen nach einer Zeit des rechtmäßigen Aufenthalts gleiche soziale Rechte und Chancen haben.

Das Gefälle zwischen reichen und armen Ländern nimmt immer mehr zu. Die entwicklungspolitischen Bemühungen haben dies nicht verhindert. Fundamentale Änderungen sind notwendig, die eine wirkliche Partnerschaft zwischen „Nord“ und „Süd“ auf der Basis einer gerechten Weltwirtschaft zum Ziel haben. Das geht nicht ohne die Bereitschaft zum Teilen. Deshalb ist an die christliche Tradition des Teilens zu erinnern, die auf der Erfahrung beruht, daß Teilen nicht ärmer macht. Sie ist ein wichtiger ethischer und kultureller Wert in der europäischen Geschichte.

VIII. Interkulturelle Begegnung verbindet, nationalistisches Denken trennt

Im 19. Jahrhundert wurde die kulturelle Vielfalt durch die Einheitsidee des Nationalstaates überdeckt. Das Gefühl nationaler Zusammengehörigkeit erwies sich bei manchen Minderheiten als befreiende Kraft. Das Nationale hat ein begrenztes Recht. Doch hat der Appell an das Nationale oft genug zur nationalistischen Überheblichkeit, zur Unterdrückung von Minderheiten, zur Trennung von Völkern und zu Kriegen geführt. Auch heute erleben wir angesichts der tiefen Umbrüche in Europa eine Rückbesinnung auf nationale Gefühle, in denen viele Menschen Halt suchen. Und wieder zeigen sich ihre ambivalenten Tendenzen. Nationalitätenkonflikte erschüttern europäische Länder, bürgerkriegsähnliche Unruhen brechen aus, der Friede ist gefährdet.

Noch immer gibt es zu wenig Erfahrungen, wie solche Konflikte gelöst werden können. Die Regierungen der KSZE-Staaten haben in der „Pariser Charta für ein neues Europa" im November 1990 bekräftigt: „Wir sind entschlossen, den wertvollen Beitrag nationaler Minderheiten zum Leben unserer Gesellschaften zu fördern, und verpflichten uns, deren Lage weiter zu verbessern." Eine solche Absichtserklärung ist gut, reicht aber nicht aus. Es müssen ihr gesetzliche Regelungen zum Minderheitenschutz und zur Gleichberechtigung folgen – auch in Deutschland. Nationale und kulturelle Minderheiten und Mehrheiten können erst angstfrei und gleichberechtigt miteinander leben, wenn sich die Einstellung der Menschen selbst ändert und nationalistisches Denken überwunden wird. Interkulturelle Begegnungen auf lokaler und regionaler Ebene sind Voraussetzung und Lernfeld hierfür. Deutsche Minderheiten in Osteuropa und ethnische Minderheiten in Deutschland brauchen für ihre Zukunft solche Kontakte.

IX. Die Bewahrung der Schöpfung ist eine interkulturelle Aufgabe

Der Begriff „Kultur" ist sprachlich von der Pflege des Bodens abgeleitet. Heute wissen wir, daß unser auf den Menschen fixiertes Weltbild den Boden und die Mitwelt gefährdet und zerstört. Nur wenn die Vielfalt von Tieren und pflanzlichen Kulturen gewahrt bleibt, haben auch wir Menschen eine Chance des Überlebens.

Menschliche Kultur ist nicht zu trennen vom Lebenskreis der gesamten Schöpfung. Deshalb ist es „interkulturelles Verhalten“, wenn wir zum Boden, zu Pflanzen, zu Tieren und zur gesamten Schöpfung ein Verständnis aufbauen und ein Verhalten einüben, das ihrer Pflege und Erhaltung dient. Die Bemühungen, die Bewahrung der Schöpfung zur Staatsaufgabe zu machen und in die Verfassung aufzunehmen, unterstreichen die hohe Priorität dieses Ziels. Die ökologische Bewegung hat wichtige Einsichten und Impulse aus anderen Kulturen gewonnen, die einen besonders sensiblen Umgang mit der geschöpflichen Umwelt entwickelt haben.

X. Einheit in Vielfalt kann durch ökumenische Gottesdienste, Feste der Kulturen sowie interkulturelle Bürgerbewegungen erfahrbar werden

Es reicht nicht aus, wenn die kulturelle Vielfalt rational begriffen wird. Es geht auch um neue Lebensgefühle, die erfahren werden können. Ökumenische Gottesdienste mit Menschen verschiedener Herkunft und unterschiedlichen Sprachen und Liedern erweitern den Horizont. Interreligiöse Friedensgebete können eine neue Spiritualität der gemeinsamen Verantwortung entwickeln. Feste der Kulturen lassen uns an der Freude kultureller Vielfalt teilhaben, die nationales Denken überschreitet. Nationalismus und Rassismus werden dabei gleichsam von selbst als überholte Einstellung erlebt. Neue Erlebnis- und Ausdrucksformen, gemeinschaftliche Rituale usw. entwickeln sich dort, wo wir mit anderen kulturellen, religiösen und meditativen Traditionen achtsam umgehen. Erfahrungen der Einheit in kultureller Vielfalt können emotional verinnerlicht werden. Die interkulturelle Erziehung bietet dafür wichtige Ansätze. Bei der interkulturellen Kommunikation geht es um die Pflege und Weiterentwicklung von Werten, die zum Überleben der Menschen und zur Freude an der Vielfalt wichtig sind.

Initiativen und Bündnisse von Menschen sollten angeregt und gefördert werden, die sich an der kulturellen Vielfalt in Europa freuen, weltoffen sind, in ihrer Lebenspraxis Frieden gestalten, für Gerechtigkeit eintreten und mit der Schöpfung im Einklang zu leben versuchen. Die Friedensdekade, der Antirassismustag der Vereinten Nationen am 21. März, Aktionen wie „Eine Welt für alle", der 1. Mai, die ökumenischen Pfingsttage zum konziliaren Prozeß, der 3. Oktober, der Tag des Flüchtlings und die Interkulturelle Woche – Woche der ausländischen Mitbürger – können Anstöße für unsere gemeinsame Zukunft geben.

Karol Sauerland

Umwälzungen in Osteuropa

Die Umwälzungen in Osteuropa werden im allgemeinen Revolutionen genannt. Ich glaube zu Recht, wenngleich jedes osteuropäische Land eine andere Art von Revolution durchgemacht hat. Und in manchen Ländern, insbesondere in den neuen Republiken, haben die Revolutionen noch kein Ende gefunden. Die Anhänger von klaren Begriffen werden sofort fragen, was wir denn unter einer Revolution zu verstehen haben. Unter der Vielzahl von Definitionen und Auffassungen scheint mir die von Hannah Arendt diejenige zu sein, die uns die Umwälzungen in Osteuropa und moderne Revolutionen überhaupt, begonnen mit der amerikanischen Revolution am Ende des 18. Jahrhunderts, am besten verstehen lassen.

Moderne Revolutionen zeichnen sich nach Hannah Arendt durch die Idee der Freiheit und die Erfahrung eines Neuanfangs aus. Beides ist aufs engste miteinander verkoppelt. Unter Freiheit versteht sie einen Zustand, in dem die Menschen ungehindert ihre Meinungen austauschen können und die Möglichkeit haben, an den allgemeinen gesellschaftlichen Entwicklungsprozessen teilzunehmen. Freiheit dieser Art kann es weder in Systemen geben, in denen einer oder wenige über viele oder auch viele über wenige herrschen; denn von Freiheit kann man nur dann sprechen, wenn auch die Minderheiten ihre Meinungen äußern dürfen und sie in ihrer Existenz nicht bedroht werden. Demokratie bedeute daher noch nicht Freiheit, weil in ihr eine Herrschaft der Mehrheit über die Minderheit nicht ausgeschlossen ist. In autoritären oder totalitären Staaten gibt es natürlich keine Freiheit, selbst der Herrscher ist nicht frei, denn „indem er die Herrschaft über andere ausübt, beraubt er sich der Gesellschaft von seinesgleichen, in der er hätte frei sein können. Herrschaft zerstört mit anderen Worten den politischen Raum und das Resultat dieser Zerstörung ist die Vernichtung der Freiheit für Herrscher wie Beherrschte“.

Hannah Arendt betont, daß es keine Freiheit ohne politische Gleichheit, d.h. Mitspracherecht, Meinungsaustausch gibt. Bei den Entscheidungen müssen andere Gleichgestellte, Gleichgesinnte zugegen sein. Daher bedarf die Freiheit „immer eines eigens für sie erstellten Raums, in dem Menschen zusammenkommen können, des Versammlungsplatzes, der Agora, um den die Polis politisch zentriert war“.

Die Revolution beginnt zumeist mit einem Gewaltakt, obwohl der August 1980 in Polen und viele Ereignisse im Jahre 1989 einen friedlichen Verlauf hatten. Den Gewaltakt hat die Revolution mit Revolten, Staatsstreichen und Umstürzen gemein. Aber im Unterschied zu diesen politischen Ereignissen geht es in der Revolution um einen Neuanfang, um die Konstituierung einer neuen Staatsform, die Gründung eines neuen politischen Körpers, um die Schaffung eines Gebildes, das die Freiheit für die Zukunft sichert. Hannah Arendt verweist darauf, wie überrascht die Revolutionäre des 18. Jahrhunderts waren, als sie „in das Getriebe der öffentlichen Angelegenheiten“ gerieten und den Zauber der Erneuerung erlebten. Bis dahin waren diese Menschen überzeugt, daß man nur in der Ruhe Glück empfinden könne. Jetzt erkannten sie, wie John Adams feststellte, daß es „das Tätigsein und nicht die Ruhe ist, woran Menschen sich erfreuen“. Gemeint ist damit aber nicht ein Tätigsein an sich, sondern das in einem Raum der Freiheit.

In der Französischen Revolution ist nach Hannah Arendt der Prozeß des Neubeginns unterbrochen worden, weil die Jakobiner nicht nur ein neues Staatsgebilde schaffen sondern auch die Armut beseitigen wollten. Damit stellten sie sich unter das Gesetz der Notwendigkeit, der leiblichen Bedürfnisse und nicht der Freiheit. Sehr bald mußte sich die neue Ordnung in eine Diktatur verwandeln, da die Jakobiner nicht imstande waren, die sozialen Probleme anders zu lösen als durch Zentralisation der Verwaltung, Requirierung des sogenannten Überflusses und dessen Verteilung durch Machtorgane. Im Namen der Tugend und des Volkswohls war alles gestattet. Gesetze, die das Zusammenleben freier Menschen regulieren sollten, konnten nun überschritten werden.

Seit dieser Zeit waren viele der Meinung, das Ziel einer Revolution sei die Lösung der sozialen Frage, die Beseitigung der Armut, obwohl diese Probleme Hannah Arendt zufolge auf ganz andere Weise gelöst werden müßten: durch technischen Fortschritt und Wirtschaftsreformen und nicht durch die angeblichen „eisernen Gesetze historischer Notwendigkeit".

Die amerikanischen Revolutionäre setzten sich – wie Hannah Arendt ausführt – von Anfang an das Ziel, einen Freiheitsraum zu schaffen und alles zu tun, um ihn für die Zukunft zu erhalten. Sie waren hierbei in der günstigen Situation, daß sie schon vor der Revolution Übung in öffentlicher Freiheit hatten. Hannah Arendt verweist auf einen Ausspruch von Adams am Ende seines Lebens, „daß die Revolution vollzogen war, bevor der Unabhängigkeitskrieg begonnen hatte"; aber nicht weil im Amerika des achtzehnten Jahrhunderts ein besonderer revolutionärer oder rebellischer Geist umging, sondern einzig und allein, weil die Bewohner der Kolonien „durch das Gesetz in Körperschaften zusammengefaßt waren, die politischer Natur waren; insofern sie das Recht hatten, sich in den ‚town halls' zu versammeln, um dort über öffentliche Angelegenheiten zu beraten"; denn „in diesen Versammlungen der Städte und ländlichen Bezirke wurde die Denkungsart des Volkes ursprünglich geformt." Die Folge war, daß die Amerikaner in der Zeit der Erneuerung „offenbar wußten, daß öffentliche Freiheit in der unmittelbaren Anteilnahme an einem öffentlichen Leben besteht und daß die öffentlichen Angelegenheiten, in denen sie tätig waren und die einen nicht unwesentlichen Teil ihrer Lebenszeit beanspruchten, ihnen keine Last bedeuteten, sondern im Gegenteil ein Gefühl innerer Befriedigung verschafften, das sie in keiner rein privaten Beschäftigung zu finden vermochten. Sie wußten aus eigenster Erfahrung, was John Adams dann immer wieder theoretisch zu fassen sucht, daß weder das Volk in den Stadtversammlungen noch die späteren Volksvertreter in den berühmten ‚congresses' und ‚conventions', nur der Pflicht gehorchend, zusammenkamen oder gar nur daran dachten, ihre Interessen zu vertreten, sondern daß sie da erst einmal waren, weil ihnen die Debatten, die Beratungen und die Beschlußfassungen Freude machten. Was sie veranlaßte zusammenzukommen, war ‚die Welt und das öffentliche Interesse der Freiheit‘ (Harrington), und was sie dabei beseelte war ‚die Leidenschaft sich auszuzeichnen‘, die John Adams für ‚wesentlicher und bemerkenswerter‘ hielt als alle anderen menschlichen Antriebe und Fähigkeiten: ‚Wherever men, women, or children, are to be found, whether they be old or young, rich or poor, high or low, wise or foolish, ignorant or learned, every individual is seen to be strongly actuated by a desire to be seen, heard, talked of, approved and respected by the people about him, and within his knowledge‘." Das Bewundernswerte an der amerikanischen Revolution sieht Hannah Arendt darin, daß sie ihr eigentliches Ziel nicht vergessen hat: die Schaffung der Republik und die Sorge um deren Erhaltung. Es war also eine Revolution, die zu einem Ende kam, indem sie einen neuen politischen Körper gründete.

Das Ende der Revolution kam nach Hannah Arendt in dem Beschluß der Verfassung zum Ausdruck. Das mag überraschend klingen, denn so mancher wird einwenden, eine Verfassung kann sich ein Volk oder ein Staat auch ohne Revolution geben. Wo ist also das Revolutionäre an dem Verfassungsakt zu suchen? Darin, entgegnet Hannah Arendt, daß die amerikanische Konstitution „das Resultat der ungeheuren Anstrengung eines ganzen Volkes" war, wie Paine sagte, „nicht der Akt einer Regierung, sondern eines Volkes, das eine Regierung konstituiert." Die Entwürfe der Verfassung wurden in Amerika „nicht nur summarisch von dem Volk ratifiziert, sondern Abschnitt für Abschnitt und bis in alle Details in den townhall meetings (wie im Falle der ursprünglichen Verfassung, den sogenannten Articles of Confederacy) oder später (im Falle der Verfassung der Vereinigten Staaten) in den Länderparlamenten diskutiert (. . .) und dieses zeitraubende Verfahren wurde nicht etwa darum gewählt, weil Grund bestand, den verfassungsgebenden Versammlungen zu mißtrauen, sondern einzig und allein deshalb, weil man sich darüber einig war, daß es sich darum handelte, ‚daß das Volk der Regierung eine Verfassung gebe‘; nicht aber darum, daß die Regierung dem Volk eine solche zuteil werden lassen sollte."

Welch großer Unterschied zwischen einer Verfassung besteht, die von oben aufoktroyiert wird, und einer, die das Volk beschließt, erkennt man an den Konstitutionen, die nach dem Ersten Weltkrieg in Europa in Kraft traten. Obwohl ihr Vorbild größtenteils die amerikanische Verfassung war, wurden sie von den Völkern, denen dieses Geschenk gemacht wurde, mit Mißtrauen betrachtet, ja sie hielten von ihnen nicht mehr „als von anderen ‚Fetzen Papier',“ erklärt Hannah Arendt. „Als Hitler 1933 die Macht ergriff,“ schreibt sie, „war es nicht einmal nötig, die Weimarer Verfassung abzuschaffen, denn mehr als die Hälfte der europäischen Länder hatte bereits ihre nach dem Ersten Weltkrieg entstandenen Verfassungen annuliert und sich in Partei- oder militärische Diktaturen verwandelt. Und wenn man von Skandinavien und der Schweiz absieht, so kann man sagen, daß die restlichen Verfassungsstaaten an genau dem gleichen Macht- und Autoritätsverlust litten, welche die Dritte Republik in Frankreich seit ihrem Entstehen gekennzeichnet hatte. Daß sie weder Autorität im Volke hatten noch Macht zu handhaben wußten, hat wie ein Fluch über den konstitutionellen Regierungen nahezu aller europäischen Länder gelegen; denn diese Unfähigkeit hatte unter anderem zur Folge, daß eine Konstitution die andere jagte – lange vor der ‚Verfassungsepidemie, die (heute) in der Welt ausgebrochen ist', hatte sich Frankreich in weniger als hundert Jahren allein vierzehn Verfassungen geleistet! –, so daß schließlich das Wort selbst lächerlich wurde. So nannte man – in Deutschland nach dem Ersten und in Frankreich nach dem Zweiten Weltkrieg – die Perioden konstitutioneller Regierung, die Zeiten des ‚Systems' und meinte damit eine Ordnung der Dinge, in der Korruption, Vetternwirtschaft und Kuhhandel das A und O aller Politik sind. Wobei es dann ja für jeden vernünftigen Menschen gleichsam selbstverständlich wird, daß er versucht, sich aus solchen Machenschaften herauszuhalten, zumal wenn die Dinge so weit gekommen sind, daß es sich kaum noch zu lohnen scheint, ernsthaft Widerstand zu leisten. Kurz, in der Verfassung als solcher kann unmöglich das Heil liegen; sie ist in den Worten John Adams' ‚a standard, a pillar, and a bond when it is understood, approved and beloved. But without this intellegence and attachment, it might as well be a kite or balloon, flying in the air'.“

Es ist immer sehr schwer zu bestimmen, wann eine Revolution zu Ende gegangen ist. Viel genauer kann man sagen, wann eine Revolution beginnt, nämlich dann, wenn die Polizei und Armee nicht mehr bereit sind, Gewalt auszuüben, von ihren Waffen Gebrauch zu machen. Dies war im August 1980 in Polen der Fall und zuletzt im August 1991 in Rußland. In Staaten, in denen dieser Fall eintritt, muß es jedoch nicht zwangsläufig zu einer Erneuerung und zu der Schaffung von politischer Freiheit kommen. Dazu sind vor allem Revolutionäre vonnöten, die bereit sind, die Macht zu etablieren. Dies war z.B. 1968 in Frankreich nicht der Fall; keine Gruppe war ernsthaft gewillt, de Gaulle zu stürzen und ein neues politisches Gebilde zu schaffen, während sich 1956 in Ungarn sofort Menschen fanden, die ein Rätesystem zu bilden versuchten. Nach Hannah Arendt ist es nicht Aufgabe der Revolutionäre, Revolution vorzubereiten, den Geschichtsablauf zu beschleunigen, wie es so schön heißt. Ihre Aufgabe ist das Studium der Revolution, sonst haben sie nur auf den Ausbruch der Revolution zu warten, der meistens dann erfolgt, wenn keiner – auch sie nicht – damit rechnet. Bricht die Revolution nun wirklich aus, werden sie „aus ihren jeweiligen Aufenthaltsorten, aus den Gefängnissen und den Bibliotheken und den Kaffeehäusern" befreit, nun hat ihre große Stunde geschlagen, von ihnen hängt nämlich ab, ob und wie die Macht ergriffen wird, ihr Tun ist bestimmend für den weiteren Verlauf der Revolution. Dagegen hängt von ihnen ganz und gar nicht der Beginn der Revolution ab.

Hannah Arendt tendiert zu der Auffassung, daß eine moderne Revolution nur dann gelingen kann, wenn sie von einer Art Rätebewegung und nicht von einer im Namen des Volkes auftretenden Fraktion oder Partei getragen wird. Die Revolution muß eine allgemeine, öffentliche Meinungsbildung ermöglichen, in der jeder seine eigenen Ansichten äußern und sie durch den Meinungsaustausch korrigieren und präzisieren kann. Dies ist in den Räten möglich, die eine Begleiterscheinung aller großen Revolutionen seit dem 18. Jahrhundert waren, wobei sich die Räte nie als bloße Kampforgane, sondern auch als Ordnungskräfte verstanden haben, denn ihr Ziel war stets die Konstituierung eines neuen Staatsgebildes, mit dem der revolutionäre Kampf gleichsam abgeschlossen werden sollte. „So sprach die Pariser Kommune im Jahre 1871," bemerkt Hannah Arendt, „und Ähnliches berichten zeitgenössische Beobachter der Russischen Revolution von 1905: ‚In dem Rat der Arbeiterdeputierten kam zum erstenmal eine Organisation zur Geltung, die nicht nur zerstörend sondern auch aufbauend wirkte. Man spürte, daß hier eine Kraft zutage trat und sich ausbildete, die imstande sein könnte, den Umbau des Staates zu unternehmen'."

In den Räten ist der einzelne ein Mitsuchender. Er ist Zeuge der Beschlußfassungen und seiner Folgen. Parteimitgliedschaften spielen in den Räten keine Rolle, da diese immer Organe von Gleichgestellten sind, in denen Meinungen und nicht Parteiprogramme diskutiert und in die Tat umgesetzt werden. Aus diesem Grunde haben sich die Parteien immer wieder aufs heftigste den Rätebewegungen widersetzt, denn deren Sieg würde die Aufhebung der Parteien bedeuten. Hierbei unterstreicht Hannah Arendt, daß sowohl die Räte wie auch die Parteien revolutionären Ursprungs sind, „nämlich die Konsequenz der den Revolutionen zugrunde liegenden Überzeugungen, daß alle Einwohner eines Landes Anspruch darauf heben, an den öffentlichen Angelegenheiten beteiligt zu werden. Im Gegensatz zu den Parteien entstanden die Räte immer direkt aus der Revolution selbst, sie waren die vom Volk spontan gebildeten Aktions- und Ordnungsorgane. Hätte man von der Geschichte der Räte Notiz genommen, so wäre es um die alten Redensarten von den anarchischen, gesetzlosen Tendenzen des Volkes schnell geschehen gewesen; denn wo immer die Räte auf der Bildfläche erschienen, vor allem auch in der Ungarischen Revolution, haben sie sich um die Neuordnung des politischen und wirtschaftlichen Lebens aufs angelegentlichste gekümmert, und nichts lag ihnen ferner, als das Chaos zu begrüßen, nichts mehr am Herzen, als eine neue politische Ordnung so schnell wie möglich auf die Beine zu stellen. Parteien im modernen Sinne, also nicht die Fraktionen, die es natürlich in allen Parlamenten immer gegeben hat, sind noch niemals während und aus einer Revolution entstanden; . . . sie entstanden *nach* den großen Revolutionen mit der Ausdehnung des Wahlrechts im neunzehnten und waren vor den Revolutionen des zwanzigsten Jarhunderts voll entwickelt."

Parteien und Räte bilden von Anfang an, d.h. seit der Französischen Revolution einen Gegensatz. Nach Hannah Arendt drehte sich der Konflikt „immer um bloße Repräsentation auf der einen, um direktes Handeln und Teilnahme an öffentlichen Geschäften auf der anderen Seite. Immer waren die Räte Aktionsorgane, immer waren die revolutionären Parteien Repräsentationsorgane, und wiewohl die revolutionären Parteien höchst unwillig die Brauchbarkeit der Räte zum Zwecke des ‚revolutionären Kampfes' anerkannten, haben sie doch nie davon abgelassen, selbst in diesem begrenzten Zeitraum zu versuchen, sie von innen zu dirigieren und zu zersetzen. Keine Partei, wie revolutionär sie sich auch gebärden möge, hat je daran gezweifelt, daß sie eine wirkliche Verwandlung des Staates in eine Räterepublik nicht würde überleben können."

Die Parteien stellten sich immer wieder in den Dienst der historischen und ökonomischen Notwendigkeit. Ihr Ziel ist nicht die Freiheit, sondern im Bestfall die Wohlfahrt des Volkes, die nur erreicht werde, wenn die Politik, der freie Meinungsaustausch „zugunsten von Verwaltung" ausgeschaltet wird.

Als Repräsentationsorgane müssen die Parteien vor allem Repräsentanten, die als Abgeordnete oder Funktionäre figurieren, heranziehen. Der Parteienspezialist Duverger hat einmal erklärt, daß die entscheidende Bedeutung der politischen Parteien „in der Heranziehung und Schaffung von neuen Eliten" liegt. Mit Elite ist hier natürlich nicht gemeint, daß die Besten der Besten ausgewählt werden, denn bekanntlich kommen in den Parteien echte politische Begabungen nur in Ausnahmefällen hoch. Anstelle von Elite könnte man auch das Wort Führungskader setzen.

Einen ganz anderen Charakter hat nach Hannah Arendt die Elitebildung in den Räten. Die Männer, „die in den Räten versammelt waren," schreibt sie, waren natürlich „auch eine Elite, sie waren sogar die einzige echte, aus dem Volk stammende Elite, die die Neuzeit gesehen hat. Sie waren nicht von oben nominiert und von unten unterstützt, sondern frei von ihresgleichen gewählt, und da sie den Wählern in der Ratsversammlung Rechenschaft abzulegen hatten, blieben sie mit ihresgleichen verbunden und ihnen verantwortlich. In gewissem Sinne kann man sagen, daß hier einmal eine Elite nicht von anderen, nach welchen Kriterien auch immer, ausgesucht worden sondern vielmehr durch sich selbst entstanden ist; diejenigen, die sich in Räten zusammentaten und organisierten, waren identisch mit den Verantwortungsbewußten, welche die Initiative ergreifen wollten; sie waren in Wahrheit die politische Elite des Volkes, welche die Revolution nur ans Tageslicht gebracht hatte. Wenn die Mitglieder der oberen Räte denn darangingen, Abgeordnete für die nächsthöhere Stufe zu wählen, so wählten sie wieder unter gleichen, und dasselbe gilt für die Abgeordnetenwahlen bis hinauf zum Obersten Rat; ein Druck von unten oder von oben ist innerhalb dieses Systems unmöglich. Die so Gewählten verdanken auf allen Stufen ihre Wahl ausschließlich dem Vertrauen von ihresgleichen, und diese Gleichheit beruht nicht auf der Menschennatur und nicht auf angeborenen Eigenschaften, sondern ist die Gleichheit derer, die sich auf ein Unternehmen verpflichtet haben und nun von ihm in Anspruch genommen sind. In ihrer öffentlichen Stellung können sie sich auf nichts stützen als das Vertrauen derer, aus denen sie selbst hervorgegangen sind."

Hannah Arendt sagte in einem Interview 1970, daß die Räterevolution zur Bildung „eines neuen Staatsbegriffs" führen würde. Dieses Interview beschließt sie mit den Worten: „Wenn Sie mich aber nun fragen, welche Aussichten er hat, realisiert zu werden, dann muß ich Ihnen sagen: sehr geringe, wenn überhaupt irgendwelche. Immerhin – vielleicht doch im Zuge der nächsten Revolution."

Eine Rätedemokratie im Wortverstand von Hannah Arendt hatte die Solidarność-Bewegung 1980/81 zu organisieren begonnen. Ich stehe noch heute unter dem Eindruck der Selbständigkeit, mit der die einzelnen in absolut demokratischer Weise gewählten Organe der Solidarność in den Arbeitsstätten, den sogenannten Regionen und den beiden Landeskongressen ihre Beschlüsse fassten und ein sich selbstverwaltendes Polen anstrebten. Ein Höhepunkt stellte für mich die sogenannte Netzbewegung, d.h. jener Augenblick im Sommer 1981 dar, als sich 2.000 Betriebe zusammentaten, um eine besondere Art der Organisation der Wirtschaft durch sich selbst verwaltende Einheiten zu begründen. In der Woche zwischen dem 15. und 20. Dezember sollten in allen Betrieben Selbstverwaltungsorgane gewählt werden. Das hätte die Entmachtung der Parteiorgane in den Produktionsstätten bedeutet, was die Parteiführung damals nicht zulassen konnte. Die Revolution fand durch die Einführung des Kriegszustandes am 13.12.1981 ein Ende. Die Zeit der Freiheit, in der es kein einziges Opfer gegeben hatte, sollte der Zeit des Leidens weichen. Das Rad der Geschichte begann sich wieder zu drehen.

Zur Überraschung der Rakowskis und Jaruzelskis blieben die Solidarność-Anhänger der Idee der Gewaltlosigkeit treu. Es gelang nicht, Tausende von Revolutionären im Kampf totzuschlagen. Es gab kaum echte Verräter, d.h. gewählte Solidarność-Vertreter, die ins Lager der Herrschenden überliefen. Es entwickelte sich dagegen ein vielfältiger Widerstand in breiten Bevölkerungskreisen, der überhaupt keine zentralen Organisationsformen kannte. Anarchisten à la Landauer hätten sich so etwas nicht träumen lassen, obwohl gerade dessen Programm im „Sozialist“ vor dem Ersten Weltkrieg wie ein Vorbild für das Solidarność-Programm von 1981 erschien. Aber in Solidarność-Kreisen kannte es niemand.

In der Mitte der 80er Jahre hielten fast alle Beobachter im Westen und manche Skeptiker in Polen die Solidarność-Bewegung für tot. Solidarność existiere nicht mehr. Ich diskutierte in dieser Zeit gern darüber, was es denn heiße, etwas existiere nicht. Als straffe Organisation gab es Solidarność nie. Damals waren für die Außenwelt nur solche Symbole geblieben wie Lech Wałęsa, der als Führer von Solidarność auftrat, oder Bujak, den die Polizei nicht ergreifen konnte und so den nicht tot zu bekommenden Untergrund verkörperte, oder die vielen tausende Aktiven, die kleine Blätter herstellten, Geld für Verhaftete sammelten, passiven Widerstand organisierten und vor allem den Ideen von Solidarność nachhingen. Für mich, der für den zweiten Umlauf schrieb, sich mit Oppositionellen traf, um die Situation im Osten zu analysieren, der in bestimmten Augenblicken der polizeilichen Repression ohne die Mithilfe der anderen in tiefste Depression verfallen wäre, gab es die Solidarność als Bewegung seit ihrer Gründung.

Im Ausland war man erst seit 1988 wieder bereit, von der Existenz einer Solidarność-Bewegung zu sprechen, als es zu den Streiks in Danzig, Nowa Huta und anderswo kam. Eine ganz junge Generation war plötzlich mit radikalen Forderungen auf die Bühne getreten. Ohne diese Streiks wäre es nicht zu den Rundtischgesprächen gekommen, jener polnischen Erfindung, die später so oft nachgeahmt werden sollte. Die Rundtischgespräche bedeuten für Polen selber nicht die glücklichste Lösung, denn sie waren im Grunde genommen eine zu undemokratische Form der Konfliktlösung, sie kamen einer Ausschaltung des aktiven Teils der Bevölkerung aus dem Disput um die Neugestaltung des Staates gleich. Die ehemaligen Revolutionäre waren allzu ängstlich geworden. Sie meinten, daß sich durch öffentlichen Disput, der neue Repressalien nach sich gezogen hätte, die Vertreter der herrschenden Machtstrukturen, vor allem des Sicherheitsapparats nur in Harnisch gebracht hätten. Nach dem Abschluß der Gespräche am Runden Tisch blieb der Opposition nur wenig Zeit, um die Wahlen zum Sejm und Senat zu organisieren. Trotz dieses kurzen Termins siegte Solidarność am 4. Juni 1989, wie wir wissen. Aber zum Erstaunen vieler waren die Solidarność-Führer über diesen Sieg nicht erfreut, sondern sie wurden von Schrecken erfaßt. Sie wußten mit dem Sieg nichts rechtes anzufangen. Sie dämpften den Enthusiasmus in der Bevölkerung und brachten es fertig, die Wahl Jaruzelskis zum Präsidenten im Juli insgeheim zu befördern. Zwar kam es dann zur Regierung von Mazowiecki, aber dieser verstand es wiederum nicht, im offenen Dialog mit dem Volk zu regieren. Im Frühjahr 1990 sorgte er auch nicht dafür, daß die Kommunalwahlen zu einer soliden Grundlegung der neuen lokalen Demokratie führen. Diese Wahlen hatten wenig Sinn, da die Gemeinderäte über nur geringe Kompetenzen verfügten und die Bürgermeister von oben vorgeschlagen oder akzeptiert wurden. Ich will hier nicht auf die weitere Geschichte Polens eingehen, die durch eine zunehmende Ausschaltung der Vielzahl von politisch Interessierten bzw. Aktiven gekennzeichnet war. Unter ihnen gab es verständlicherweise nur wenige, die auf eine Parteiendemokratie zustrebten. Ein Solidarność-Aktivist war es gewohnt, für die Lösung von konkreten Aufgaben oder Ideen eine Initiativgruppe zu bilden, die versuchte, so unabhängig wie möglich vom Staat zu operieren oder die Staatsorgane durch Druck von unten zur Unterstützung ihrer Ideen zu bewegen. Den Organen sollte es hierbei verwehrt sein, den Initiativgruppen ihre Autonomie zu nehmen. Im Westen kennt man diese Dinge aus den Bürgerinitiativen und dem zivilen Widerstand, über den Hannah Arendt ja einen grundlegenden Aufsatz verfaßt hatte.

Der Übergang zur Parteiendemokratie war von einer Zersplitterung der Solidarność-Bewegung begleitet. Eine der indirekten Folgen war das Erwachen des Mobs, um wieder mit einem Begriff von Hannah Arendt zu operieren, d.h. jenes Teils der Bevölkerung, der bereit war, gegen sein eigenes Interesse die politischen Geschäfte in die Hand eines Führers, der den Namen Tymiński trug, zu legen. Im Laufe von wenigen Wochen gelang es ihm, in einem Land mit politisch wachen Köpfen 3,6 Millionen Wähler für sich zu gewinnen. Es waren vor allem die Deklassierten, die ihm ihre Stimme gaben und seinen nationalistischen Losungen Gehör schenkten. Ich finde es allerdings bewunderswert, mit welchem politischen Geschick die Elite Polens Tymiński ausmanövrierte. Eine nicht geringe Rolle spielte hierbei die Kunst, sich nicht provozieren zu lassen, freundlich zu bleiben, nicht die Taktik der Demonstration und Gegendemonstration anzuwenden. Doch der Umstand, daß Tymiński Polen mit antisemitischen Flüchen und dem Ratschlag, die Stimmen seiner Partei „X“ der ehemaligen Kommunistischen Partei zu überlassen, bedeutet nicht, daß die Gefahr einer neuen faschistoiden Bewegung für immer gebannt ist. Sie besteht in allen ehemaligen realsozialistischen Ländern.

Wenn ich die Zeit nicht schon überschritten hätte, würde ich jetzt auf die Revolutionen in anderen Staaten eingehen. In der DDR gab es sie nur im Ansatz. Mit der Wiedervereinigung ist sie abgebrochen worden, denn es gab keine Möglichkeit mehr, gemeinsam ein neues politisches Gebilde in Rede und Gegenrede zu schaffen. Es fehlte auch an einer genügend großen Anzahl von Dissidenten, die schon vorher im Gefängnis, Kaffeehaus oder in der Bibliothek über die Möglichkeiten eines Neuanfangs nachgedacht hatten. Und vor allem fehlte es an den natürlichen Grenzen, die durch den sogenannten Nationalstaat gegeben sind.

Sehr kompliziert stellt sich die Situation in den neuen Republiken auf dem Gebiet der ehemaligen Sowjetunion dar, denn dort bilden die nationalen Bewegungen immer mehr das Zentrum für die Neugestaltung des politischen Körpers. Die letzte Chance für eine überregionale Lösung war im Bergarbeiterstreik gegeben, der sich von Workuta bis in das Donezbekken erstreckte. Jelzin hat ihn auf eine an und für sich geniale Weise abgewürgt, indem er den Gruben in Rußland versprach, daß sie demnächst einer besseren *russischen* Wirtschaftsleitung unterstehen werden. Die Bergarbeiter glaubten ihm, und damit war die Möglichkeit, daß in der Sowjetunion so etwas wie eine Solidarność-Bewegung entsteht, vergeben.

Der Herausbildung der neuen Republiken sollte man prinzipiell positiv gegenüberstehen, denn damit ist die Voraussetzung für eine gesteigerte gesellschaftliche Aktivität breiter Bevölkerungsschichten geschaffen, was vorher in dem auf Moskau ausgerichteten Imperium nicht möglich war. Es besteht aber auch die Gefahr nationalistischer Intoleranz bis hin zu Kriegen. Hier sind die westlich des Bugs gelegenen Staaten und deren Bürger, vor allem deren Intelligenz besonders gefordert. Nur weiß hier leider kaum jemand, daß mehr moralische und solidarische Hilfe aus dem Westen erwartet wird denn materielle.

Warschau, Nov. 1991

Autorenangaben

Frank von Auer, Sprecher der Vorbereitungsgruppe des Europäischen Gesprächs und Sprecher der Geschäftsführung der Hans-Böckler-Stiftung des Deutschen Gewerkschaftsbundes

Gerhard Konow, Staatssekretär im Ministerium für Wissenschaft und Forschung des Landes Nordrhein-Westfalen

Fritz Schaumann, Staatssekretär im Bundesministerium für Bildung und Wissenschaft

Peter Borggraefe, Vertreter der Stadt Recklinghausen

Hansgünter Heyme, Leiter der Ruhrfestspiele Recklinghausen

Karol Sauerland, Professor für Germanistik an der Universität Warschau

Heinrich August Winkler, z.Zt. Mitglied des Historischen Kollegs München, Lehrstuhlinhaber an der Universität Freiburg

Hans Mommsen, Professor, Neuhistoriker an der Universität Bochum

Michal Reimann, Professor, Osteuropäische Geschichte, Freie Universität Berlin

Peter Brandt, Professor, Historiker an der Gesamthochschule Hagen

Johann Eekhoff, Staatssekretär im Bundeswirtschaftsministerium

Hermann Rappe, Vorsitzender der Industriegewerkschaft Chemie-Papier-Keramik

Wolfgang Ullmann, Theologe, Kirchenhistoriker, Vertreter des ‚Bündnis 90‘

Jürgen Linde, Chef der Staatskanzlei des Landes Brandenburg

Michele Saint-Marc, Forschungsdirektorin am Nationalen Wissenschaftszentrum Paris

Hans Matthöfer, Bundesfinanzminister a.D.

Hans Besters, Professor, Wirtschaftswissenschaftler, Universität Bochum

Rainer Veit, Leiter der Konjunkturabteilung der Deutschen Bank

Jiri Amort, Wissenschaftler am Wirtschaftsinstitut der Akademie der Wissenschaften Prag

David Foden, Forschungsbeauftragter des Wissenschaftlichen Instituts des Europäischen Gewerkschaftsbundes, Brüssel

Rainer Kirsch, Schriftsteller

Joshua Sobol, Theaterdirektor und Autor, Israel

Fernando Ribeiro Mendes, Wirtschaftswissenschaftler an der Technischen Universität Lissabon

Heinrich Weiss, damaliger Präsident des Bundesverbandes der Deutschen Industrie

Zygmunt Tyszkiewicz, Generalsekretär des Europäischen Arbeitgeberverbandes UNICE

Raffaele Morese, Stellvertretender Generalsekretär des italienischen Gewerkschaftsdachverbandes CISL

Siim Kallas, Gewerkschaftsvertreter aus Estland

Monika Wulf-Mathies, Vorsitzende der Gewerkschaft Öffentliche Dienste, Transport und Verkehr

Wojciech Arkuszewski, Mitglied des Präsidiums der Gewerkschaft Solidarność

Heinz-Werner Meyer, Vorsitzender des Deutschen Gewerkschaftsbundes

Auf der Suche nach der gewonnenen Zeit

Der neu aufgebrochene Dialog zwischen Wissenschaft, Kultur und Gewerkschaft über eine demokratische Gestaltung gesellschaftlicher Zeitmuster präsentiert sich in diesen beiden Bänden unter dem Motto „Auf der Suche nach der gewonnenen Zeit“.

Neuer Aufbruch

Der Doppelband gibt Einblick in den aktuellen Stand der fachlichen und gewerkschaftlichen Zeitdiskussionen und zeigt auf, in welch hohem Maß Zeitmuster unser Leben beeinflußen.

„Auf der Suche nach der gewonnen Zeit“ stellt eine aktuelle Sammlung von Beiträgen aus Wissenschaft und Gewerkschaften, Politik und Kultur zu den Fragen einer neuen gesellschaftlichen Zeitgestaltung dar. Wie geht der Mensch mit seiner Zeit um? Wie kann es gelingen, ein größeres Maß persönlich frei verfügbarer Zeit zu erhalten? Welche Bedeutung haben Arbeitszeitverkürzungen und das freie Wochenende?

Zu den Autorinnen und Autoren zählen Frank von Auer, Karlheinz A. Geißler, Helmut Schauer, Ilse Brusis, Gert Otto, Jürgen P. Rinderspacher, Lothar Zimmermann, Irmgard Blättel, Klaus Zwickel, Eberhard K. Seifert, Otto Ulrich, Ursula Pasero, Friedhelm Hengsbach SJ, Rainer Zoll, Christel Schachtner, Oskar Negt, Dietrich Lange, Joachim W. Hohl, Christiane Müller-Wichmann, Michael Tress, Manfred Hilzenbecher, Claudia Schmidt, Detlef Knopf, Ursula Feist, Dietrich Henckel, Friedrich Heckmann, Andreas Mattner, Reinhart Kößler, Udo Wichert, Hans Joachim Sperling und Peter Grohmann.

Auf der Suche nach der gewonnenen Zeit.
Beiträge für eine neue gesellschaftliche Zeitgestaltung.
Mit Holzschnitten von Frans Masereel.
Herausgegeben von Frank von Auer, Karlheinz Geißler und Helmut Schauer, zwei bibliophile Bände im Schuber, 370 Seiten. Preis 38,00 DM.
Talheimer Verlag 1990, ISBN 3-89376-009-1